Das Verfahren
bei
Enquêten über sociale Verhältnisse.

Schriften

des

Vereins für Socialpolitik.

XIII.

Das Verfahren bei Enquêten über sociale Verhältnisse.

Leipzig,
Verlag von Duncker & Humblot.
1877.

Das Verfahren
bei
Enquêten über sociale Verhältnisse.

Drei Gutachten
von

Dr. G. Embden,   **Dr. G. Cohn,**   **Dr. W. Stieda,**
Secr. der Handelsk. in Hamburg.   Professor in Zürich.   Docent in Straßburg i. E.

nebst

einem Anhang nach dem Englischen

von

J. M. Ludlow.

Leipzig,
Verlag von Duncker & Humblot.
1877.

Das Recht der Uebersetzung wie alle andern Rechte vorbehalten.

Die Verlagshandlung.

Inhalt.

	Seite
Gutachten von Dr. G. Embden	1
Gutachten von Prof. Dr. G. Cohn	17
Gutachten von Dr. W. Stieda	29
Anhang, nach dem Englischen von J. M. Ludlow	47

Wie sind Enquêten zu organisiren?

Von

Dr. Embden in Hamburg.

Von zwei besonders dazu berufenen Gutachtern wird diese Frage durch Darstellung des Englischen und des Französischen Enquête-Verfahrens beleuchtet werden. Dem Verfasser der folgenden Zeilen ist von dem Vereins-Ausschusse die Aufgabe in dem Sinne zur Begutachtung überwiesen worden, daß Bemerkungen vom Standpunkte eines Mitbetheiligten an einigen der in Deutschland in jüngster Zeit ins Werk gerichteten Enquêten über die bezüglichen Organisationsfragen gewünscht wurden. Demgemäß handelt es sich im Folgenden durchaus nicht um ein abschließendes Urtheil, oder um eine erschöpfende Theorie des Enquête-Verfahrens zu deutschem Gebrauche, sondern lediglich um Mittheilung einzelner meist ursprünglich empirisch gewonnener Meinungen, wie sie bei einem untergeordneten Theilnehmer an deutschen Arbeiten der fraglichen Art sich festgesetzt und untereinander verknüpft haben.

Hinter dem fremden Worte birgt sich hier, wie nicht selten, Unklarheit des Begriffes. In deutscher Sprache verstehen wir unter einer Enquête nicht nur im täglichen Leben sondern auch in wissenschaftlichen Publicationen Verfahrungsarten von sehr verschiedener Anlage und von ungleichartigem Werthe; nicht den französischen terminus technicus haben wir recipirt, sondern unser Sprachgebrauch bedient sich der „Enquête" als eines elastischen Gelegenheitsausdruckes, welcher in Wahrheit — da die Gesetze oder eine bestimmte Ueberlieferung ihm ebenso wenig einen fest umschriebenen Inhalt verleihen, wie die Redegewohnheit — thatsächlich immer erst aus den seine Anwendung begleitenden Umständen concrete Bestimmtheit erhält.

Ich stelle daher der Discussion über das Wie? der Enquête-Organisation eine Erklärung darüber voran, was ich unter einer Enquête begreife. Ich verstehe, wo ich dieses Wort anwende, immer:

ein von einem gesetzlich dazu autorisirten Factor angeordnetes Verfahren, dessen unmittelbare Aufgabe die Ermittelung ökonomischer und socialer Thatsachen und ursächlicher Zusammenhänge, dessen Endzweck die Vorbereitung gesetzgeberischer oder administrativer Beschlüsse ist und in welchem als Hauptmittel zur Erfüllung jener Aufgabe und zur Förderung dieses Zweckes die Anhörung von Zeugen und Sachverständigen verwendet wird.

Mit lediglich von Privatpersonen oder Vereinen angestellten Ermittelungen, mit solchen, welche nicht von einer öffentlich-rechtlichen Autorität provocirt oder welche ohne Bezug auf die Aufgaben des Staatslebens und endlich mit rein schriftlichen Umfragen wird sich das Folgende also nicht beschäftigen; unbeschadet der Thatsache, daß sprachlich. bei uns auch private, lediglich wissenschaftlichen Zwecken dienende und durchweg schriftliche Enquêten vorgekommen sind und für die Zukunft möglich bleiben.

I. Die Grundtypen der Enquête-Organisation in formaler Beziehung.

Wenn ich in Folgendem zunächst den formalen Gang, die Geschäftsordnung und die wichtigeren Fragen der Procedur bei Enquêten, und zwar, soweit es mir möglich ist, unter specieller Rücksichtnahme auf deutsche Verhältnisse und Vorkommnisse bespreche und dabei zunächst von den Rückwirkungen des so unendlich verschiedenartigen Stoffes einer Enquête auf ihre Form absehe, so bin ich damit selbstverständlich nicht gemeint, die Nothwendigkeit dieser Rückwirkung verkennen zu wollen. Ich sehe vielmehr von derselben lediglich zum Zwecke klarerer Darstellung und überdies nur vorläufig ab.

Die Entscheidung darüber, ob in einem gegebenen Falle eine Enquête stattfinden solle, gehört ausschließlich dem Gebiete politischer Erwägung an. Erst wenn eine Enquête a n g e o r d n e t i s t, tritt die Aufgabe, sie nun auch zweckentsprechend zu o r d n e n, heran; und mit diesem Momente beginnt unsere Betrachtung.

Der A n o r d n e r einer Enquête (Bundesrath, Reichstag, Landesregierung, Landtag, Commune ꝛc.) hat von vornherein die Wahl zwischen zwei bei uns nebeneinander gebräuchlich gewordenen G r u n d t y p e n des Verfahrens, welche ich der Kürze wegen die unvollständig und die vollständig organisirte Enquête nenne.

Es bestimmt sich die Adoption des einen oder des anderen Grundtypus zunächst nach der Willensmeinung des Anordners und Ordners der Enquête.

Demselben liegt

e n t w e d e r daran, thatsächliches Gedanken- und Stimmungs-Material über den Gegenstand der Enquête zu erhalten, während er alle Erwägungen darüber, ob in diesem Material für die Organe des Staates Anlässe zu administrativen und legislativen Entschließungen vorliegen, der Zukunft und in dieser zunächst sich selbst vorbehalten will;

o d e r: er bezweckt nicht nur Material für die Zukunft und sich selbst sammeln zu lassen, sondern will darüber hinaus, Verarbeitung des Gesammelten und Gutachten, Rathschläge und Empfehlungen auf Grund des gewonnenen G e s a m m t - E r g e b n i s s e s.

Ich nenne die Enquête in letzterem Falle eine v o l l s t ä n d i g o r g a n i s i r t e, nicht etwa um sie einseitig vorweg zu loben, sondern aus dem lediglich formalen Gesichtspunkte, weil der Anordner der Enquête zur Erreichung seiner Absicht im zweiten Falle ein eigenes Organ zum Vollzuge der Enquête bilden muß, und zwar regelmäßig eine Commission, während im ersten der zwei unterschiedenen Fälle der Anordner der Enquête für seine enger begrenzte Absicht eines besonderen

Vollzugs=Organs für das Enquête=Verfahren nicht bedarf, dasselbe auch thatsächlich in diesem Falle regelmäßig nicht bildet.

Je nach dem Vorliegen der Absicht, eine unvollständige oder eine vollständige Enquête zu organisiren, sind gleich die ersten und fast alle nothwendigen Einzelentscheidungen über die Modalität des Enquête=Verfahrens in verschiedener Weise zu treffen. Die Zweckmäßigkeit erfordert bei jedem Grundtypus Besonderheiten des formalen Aufzuges.

Handelt es sich um eine unvollständige Enquête, dann ist es logisch, daß der Anordner derselben ein **detaillirtes Fragen=Programm** selbst ausarbeitet, welches die abzuhörenden Auskunftspersonen zu beantworten haben. Dabei wird der Anordner der Enquête solche Fragen, über welche er aus anderen Quellen bereits genügend unterrichtet zu sein meint, in dieses Programm nicht aufnehmen, wie wünschenswerth Denjenigen, welche die Zeugen schließlich abhören, die Vorlegung derselben auch scheinen mag. Denn die Belehrung des Anordners, nicht die des Ausführers der unvollständigen Enquête ist der unmittelbare Zweck des Verfahrens. Aus demselben Grunde wird der Anordner einer solchen Enquête auch umgekehrt häufig Fragen in das Programm einfügen, welche der Abhörer der Zeugen ganz ebenso zuverlässig selbst beantworten kann wie die Zeugen. (Wie z. B. Gemeinde= und Staatsbeamte bei den Erhebungen über die Verhältnisse der Lehrlinge, Gesellen und Fabrikarbeiter ohne Zweifel zahllose Protocolle über die alltäglichsten gewerblichen Rechts=Gewohnheiten ihres Amtsbezirks aufgenommen haben, welche ihnen seit lange geläufig waren und nach welchen im Zweifelsfalle Gewerbtreibende eher bei ihnen als sie bei jenen Rückfrage halten würden.)

Wenn es sich hingegen um eine vollständige Enquête handelt, bei welcher alle Vernehmungen in erster Linie den Zweck haben, die vernehmenden Personen zu einem Berichte, zu Gutachten, Empfehlungen und Vorschlägen zu befähigen, dann ist der Erlaß eines detaillirten obligatorischen Fragen=Programms von oben herab eine höchst unlogische Maßregel. Denn die Zeugenverhörer sind in diesem Falle in der Stellung von **Forschern**, welchen die viva voce-Mittheilungen anderer Personen als Erkenntnißmittel dienen sollen, und die erste Bedingung ihres wie jeden anderen Versuches durch Fragen Wahrheiten zu finden besteht darin, daß sie **die richtigen Fragen ermitteln**; indem sie einige, von welchen sie auf Grund der mitgebrachten Kenntniß des Gegenstandes beim Beginn des Verfahrens ausgingen, als irrelevant erkennen, andere durch Verallgemeinerung, Theilung, Specialisirung ꝛc. anders als im Anfange geschah formuliren, wieder andere ganz neu aufstellen werden, kurz, indem sie fragend das Fragen immer besser lernen.

Bei einer vollständigen Enquête ist deßhalb der Anordner nur berufen dem Vollzugs=Organ das Problem, welches erforscht werden soll, im Allgemeinen — einerlei ob in Frageform oder thematisch — zu bezeichnen; die specielle Fragestellung gegenüber den Sachverständigen ist ausschließlich Obliegenheit und Recht der Enquête=Commission.

Bei der geringen Ausbildung, welche das Enquêtewesen bis jetzt bei uns nur hat finden können, ist der Anordner der Enquête gleich bei diesem ersten Schritte der Versuchung ausgesetzt, den Unterschied seiner eigenen Stellung zu dem einen und dem anderen Grundtypus des Verfahrens nicht genügend zu beachten und Theile des nothwendigen Geschäftsganges des einen in den anderen wenigstens facultativ zu übertragen.

So waren die durch Beschluß des Bundesrathes vom 19. Februar 1875 vorhin bereits erwähnten Erhebungen eine unvollständig organisirte Enquête. Mit Recht lag demselben deßhalb ein ganz detaillirtes, im Reichskanzleramte ausgearbeitetes Fragen=Programm als obligatorisches zu Grunde. Von höchst zweifelhaftem Werthe war es hingegen, wenn man den Abhörern der Zeugen in den Einzelstaaten gestattete, der für das ganze Reich gleichmäßig geltenden Fragenreihe eigene specielle Artikel hinzuzufügen. Für das Reich konnte dadurch nur die Masse des Materials in ungleichmäßiger Weise vermehrt, für die Einzelstaaten schwerlich etwas gewonnen werden.

Bedenklicher noch, als die eben berührte Incongruenz zwischen der Grund= form das Verfahrens und seiner Durchbildung im Einzelnen erscheint der um= gekehrte Fall, wenn das Vollzugs=Organ einer vollständigen Enquête ein detaillirtes Fragensystem seinen Erhebungen, sei es auch nur facultativ, zu Grunde legt. In solcher Lage hat mich die Erfahrung belehrt, daß innerhalb einer Commission, welche Abhörungen zunächst zum Zwecke der Material= beschaffung für ein von ihr selbst zu erstattendes Gutachten vornimmt, ein detaillirter Fragebogen, auch wenn neben demselben das Fragerecht frei ist, mehr Schatten= als Lichtseiten bietet. Es ist wahr, durch vorherige Mittheilung des Fragenleitfadens kann man die zu Vernehmenden in den Stand setzen, sich besser, als sonst möglich ist, auf die Vernehmung vorzubereiten. Aber in Fällen, wo es sich, wie bei vielen Enquêten, darum handelt, aus den Aussagen höchst sachverständiger, redegewandter und dialektisch geschulter Interessenten die Wahrheit zu entnehmen, geräth dieser Zweck weit leichter durch zu gute als zu schlechte Präparation derselben in Gefahr. Es ist wahr, **theoretisch könnte neben dem Fragen=Programme durch vollständig freie Discussion der Com= missionsmitglieder mit den Sachverständigen alles Wissenswerthe herausgebracht werden.** Aber **praktisch** hat man gewöhnlich nur eine gewisse Zeit für jede Vernehmung — mit englischer Ausdauer und Geduld im Zeugenverhören sind wir Deutsche im Allgemeinen nicht ausgestattet — und ist das zu Gebote stehende Zeitquantum durch das gedruckte Fragenpensum zumeist consumirt, so kommen andere Seiten der Sachen leicht zu kurz. Innerhalb einer Commission, welche Vernehmungen leitet, ereignet es sich außerdem leicht, daß die über= wiegende Mehrzahl der Commissionsmitglieder in einem etwas mehr vorgerückten Stadium der Abhörung über einige Fragen des Leitfadens schlüssig und deßhalb von ihrer weiteren Verfolgung abzustehen Willens ist. Eine solche obsolet ge= wordene Frage des Leitfadens wird alsdann sehr leicht, so lange auch nur Ein Mitglied der Commission es wünscht, aus collegialer Rücksicht immer weiter vorgeführt, als Ursache der langen Weile während der Arbeit, als Ballast für die Aufzeichnungen.

Entscheidend aber spricht gegen einen auch nur facultativen Frageleitfaden bei vollständig organisirten Enquêten und für gänzlich freie Discussion zwischen dem Enquête=Organ und den vernommenen Personen, wie die Engländer sie handhaben, der Umstand, daß jeder Fragebogen — und zwar, je besser er an sich gearbeitet ist, desto mehr — **systematisch alle Seiten und Feinheiten der Aufgabe** berühren muß, während jede einzelne vernommene Auskunfts=

person regelmäßig nur in Bezug auf einige Seiten und Details der Aufgabe ein wahrhaft classischer Sachverständiger oder ein erfahrener Praktiker oder ein Interessent von ungewöhnlichem Gewichte ist. Ein Fragenleitfaden veranlaßt folgeweise, daß als stillschweigende Präsumtion durch die Totalität der Vernehmungen die Annahme sich hindurchzieht, jeder Sachverständige habe eine universale Kenntniß des Gegenstandes, während ein rationelles Bestreben im Anschluß an die Vertheilung des Wissens und Könnens im Leben vielmehr darauf gerichtet sein sollte, Jeden im Umkreise seiner speciellsten Erfahrungen, Einsichten und Interessen, mit erbarmungsloser Gründlichkeit auszufragen, jenseits desselben ihn aber gar nicht oder nur obiter zu hören.

Ich bin nach Obigem der Meinung, daß bei unvollständig organisirten Enquêten ein ganz strictes Fragenprogramm vom Anordner auszugeben und ohne alle Zusätze seitens der Zeugenabhörer gegenüber den Abzuhörenden anzuwenden ist; bei vollständig organisirter Enquête halte ich hingegen alles vorher geschriebene Fragewerk für zeitraubend und irreleitend.

Auch der zweite bedeutende Punkt, über welchen bei Ordnung einer Enquête entschieden werden muß, die Frage, welches Personal die Vernehmungen leiten und in welcher Weise das gewonnene Material bearbeitet werden soll, entscheidet sich sachgemäß verschieden, je nach dem Vorliegen der Absicht, sich an den einen oder den andern Grundtypus zu halten.

Für die unverfälschte, gewissenhafte und fleißige Sammlung von Aussagen auf Grund eines obligatorischen Fragenprogrammes ist präsumtiv jedes mal diejenige Kategorie von Staatsbeamten das geeignete Personal, welche mit der Materie der Ermittelung im regelmäßigen Geschäftsgange der Verwaltung berufsmäßig in Berührung kommt, also einige Kenntniß des Gegenstandes der Enquête schon mitbringt, und zwar jeder Staatsbeamte innerhalb seines örtlichen Geschäftskreises. Unvollständige Enquêten werden daher fast immer nach den die Abhörungen beschaffenden Personen, auch als administrative bezeichnet werden können. Das Resultat des Vernehmungsgeschäftes sind zahlreiche, in den verschiedenen Verwaltungsbezirken des Enquêtegebietes entstandene Protocolle und Berichte, welche schließlich bei dem Anordner der Enquête zusammenfließen. Letzterer wird alsdann in diesem, wie in allen ähnlichen Fällen, in welchen zahlreiche nach demselben vorschriftsmäßigen Schema gearbeitete Schriftstücke in einer centralen Stelle einlaufen, aus diesem Materiale, regelmäßig durch einen Beamten der Centralstelle, einen übersichtlichen Auszug anfertigen lassen und denselben, je nach Befinden, veröffentlichen lassen oder bei den Acten behalten. Die jüngst dem Bundesrathe mitgetheilten „Ergebnisse der Erhebungen über die Verhältnisse der Lehrlinge, Gesellen und Fabrikarbeiter" sind nach Form und Inhalt ein Muster des Abschlusses einer im größten Styl unternommenen, unvollständig organisirten Enquête.

Es liegt im Wesen dieses Grundtypus, daß das Material im großen Ganzen von Staatsbeamten innerhalb ihrer Amtskreise, also in decentralisirter Weise beschafft und schließlich in der Controlle von einem Dritten, welcher (außer etwa zufällig) keine der vernommenen Personen selbst gehört hat, in einem Berichte centralisirt wird. —

In beiden Beziehungen ist die naturgemäße Organisation einer vollständigen Enquête die umgekehrte. Jedesmal, wenn der Anordner einer Enquête sich entschließt, zur Vorbereitung legislativer oder administrativer Beschlüsse, eine Enquête mit einem besondern Vollzugsorgan zu befehlen oder zu gewähren, und einen Bericht von diesem ad hoc installirten Collegium einzufordern, spricht er damit ohne Weiteres auch aus, daß er, daß also eine in irgend einem Umfange leitende Stelle ein Bedürfniß nach Aufklärung außerhalb des gewöhnlichen Geschäftsganges und nach Mitarbeit von Personen außerhalb des regelmäßigen Dienstpersonals empfindet. In einem büreaukratisch geordneten Staatswesen ist die Veranstaltung jeder vollständig organisirten Enquête eine zunächst formal (häufig auch sachlich) außerordentliche Maßregel. In die Commission, welche eine vollständig organisirte Enquête zu leiten hat, werden außer Staatsbeamten regelmäßig Personen berufen, welche durch ihre Interessen, ihre Kenntnisse oder auch durch Unabhängigkeit der Gesinnung einen besondern Beruf zur Betheiligung an der Discussion des Enquête-Materials haben. Die theilnehmenden Staatsbeamten selbst werden Commissionsmitglieder auf Grund eines aus besonderem Vertrauen ertheilten Specialauftrages. Von weit größerer Bedeutung als diese personellen Unterschiede ist jedoch die organisatorische Eigenthümlichkeit, daß bei vollständiger Enquête das Geschäft der Sachverständigen-Vernehmung selbst und die Verarbeitung des Materials centralisirt ist. Ein und dasselbe Collegium vernimmt alle Auskunftspersonen. Dasselbe bewegt sich von Ort zu Ort oder zieht die Auskunftspersonen zu sich heran. Nur völlig trennbare Punkte können Subcommissionen oder Einzelcommissaren überwiesen werden; und wenn am Schlusse der Vernehmungen die Commission den Inhalt derselben durch eins ihrer Mitglieder übersichtlich condensiren lassen will, so ist dieses in der beneidenswerthen Lage, über keine einzige Zeugenaussage berichten zu sollen, die es nicht selbst gehört hätte.

Die Vernehmungen selbst, die Controlle des thatsächlichen Theils des Commissionsberichtes, die Discussion des Gutachtens, bilden in dem vollständig organisirten Enquêteverfahren eine Reihenfolge collegialer Arbeit, zu welcher im Rahmen der unvollständig organisirten jede Aehnlichkeit und jedes auch nur äußerliche Gegenstück fehlt.

Wenn an dieser Stelle ein Seitenblick auf das gerichtliche Verfahren gestattet ist, so ist die unvollständige Enquête in manchem Betracht eine Analogie eines rein schriftlichen Verfahrens mit schließlicher Actenversendung. Kein gesprochenes Wort hier wie dort, außer den gesprochenen Antworten von Zeugen auf geschriebene Fragen. Eine Anhäufung von Erkenntnißmitteln, aber kein Weg, unmittelbar aus denselben Erkenntniß zu schöpfen.

Die vollständig organisirte Enquête hingegen hat mit dem mündlichen Verfahren die Aehnlichkeit, daß unter Gegenwärtigen Thatsachen, welche Prämissen zu Schlußfolgerungen zu bilden bestimmt sind, vorgebracht und aufgefaßt und dann die Schlüsse aus den Prämissen discutirt und ihre Zulässigkeit durch Debatte festgestellt wird.

Damit hängt untrennbar zusammen, daß Oeffentlichkeit des Verfahrens wohl bei dem Grundtypus der vollständigen Enquête möglich ist, daß aber der andere Grundtypus keinen Raum dafür bietet.

Der letzte wesentliche Unterschied in der Organisation der beiden Grundtypen ist oben bereits berührt worden.

Derselbe betrifft die Art der Fixirung der Urerhebung und ihr ferneres Schicksal. Bei unvollständigen Enquêten erscheint die Sichtung des Materials an der Centralstelle, mit welchem die Enquête abschließt, in demselben Maße erleichtert, in welchem die Form der Urprotocolle eine von vornherein durchweg gleichmäßige ist. An stenographische Protocolle ist daher bei der unvollständigen Enquête nicht zu denken; schon aus dem Grunde, weil bei decentralisirter Abhörung an vielen Orten zugleich, die Stenographen nicht zu beschaffen sein würden, aber mehr noch deßhalb, weil jeder mit der Abhörung Betraute weiß, daß seine Protocolle keinen anderen Zweck als den der auszüglichen Verschmelzung mit zahlreichen andern haben kann, und weil dieses Bewußtsein ihn mit Recht Ausführlichkeit und Individualität in der Abfassung als schlecht angebrachte Eigenschaften seiner Arbeit von vornherein erkennen und meiden läßt. Daher wird sich auch die Publication des kurzangebundenen und trockenen Urmaterials einer unvollständigen Enquête fast niemals empfehlen. Jener publicirte, auf Lesbarkeit berechnete Bericht, welcher den Schlußact der unvollständigen Enquête ausmacht, tritt folglich als ein langes und gründliches referens sine relato in die Welt. Die Aufrichtigkeit desselben wird fast niemals bezweifelt werden; aber ob der Totaleindruck dieses Schlußactes des ganzen Verfahrens demjenigen einer photographisch treuen Verkleinerung des Urmaterials entspricht, ob in Bezug auf Licht und Schatten, auf Farbe und Ton ein anderer Leser des Urmaterials nicht zu einer von dem Totaleindrucke des Berichtes abweichenden Anschauung der Enquête-Ergebnisse gelangen würde, — darüber sich Ueberzeugung zu verschaffen, ist unmöglich. Die einzige dauernde Spur, welche eine unvollständige Enquête hinterläßt, ist uncontrollirbar. —

Bei einer vollständig organisirten Enquête ist hingegen die stenographische Aufzeichnung der Vernehmungen möglich in Folge der Centralisation der Erhebungen. Sie ist gleichzeitig im höchsten Grade wünschenswerth, nach meiner Ansicht sogar regelmäßig nothwendig, um die Zwecke der Enquête nach allen Seiten hin sicherzustellen. Zunächst ist eine Enquête-Commission als außerordentliches Organ für ein — materiell häufig sehr erhebliches — Staatsgeschäft in hohem Grade dabei interessirt, Alles, was sie gefragt und erhoben, berathen und beschlossen hat, in authentischer Weise ins vollste Licht der Oeffentlichkeit zu stellen. Nur dadurch wird sie sich vor Angriffen, Recriminationen und Mißverständnissen schützen. In Fällen, welche die exacte Bewältigung vieler Details erfordern, ist außerdem der Berichterstatter nur mit Hülfe stenographirter Unterlagen im Stande, seine Aufgabe entsprechend zu lösen. Schließlich aber — und hierin liegt der entscheidende Grund — sind alle Diejenigen, welche nach Beendigung der Enquête mit dem Resultate und dem Inhalte derselben sich zu befassen haben werden, die Presse, das Ministerium und das Parlament, nur durch Vorlegung der stenographirten Vernehmungen zur Controlle des Enquêtenergebnisses und zur Weiterführung der Discussion in den Stand zu setzen. — Ohne stenographische Berichte tritt die Schlußarbeit der Commission mehr oder minder als ein Votum auf, das sich in stärkerem Grade auf äußere Autorität, als auf controllirbare Beweisgründe stützt.

Schematisch lassen die Unterschiede in der wünschenswerthesten Formation der beiden Grundtypen des Enquête-Verfahrens sich nach allem Vorstehenden so zusammenfassen:

	Unvollständige Enquête bedingt:	Vollständige
als Abhörer:	Beamte in ihren Geschäftskreisen,	eine besondere Commission,
als Geschäftsmethode bei den Abhörungen:	Decentralisation,	Centralisation,
als Methode der Aufzeichnung:	lakonische Protocolle,	Stenograph. Berichte,
als Schlußbearbeitung:	ein von Dritten gefertigtes Excerpt, welches keiner Controlle unterliegen kann,	einen von der Commission berathenen Schlußbericht, welcher in jedem Punkte controllirbar ist. —

Diese formalen Unterschiede in der Structur der beiden Grundtypen einer Enquête sind so durchgreifender Natur, daß neben denselben für Aehnlichkeiten oder Gleichheiten nur wenig Raum übrig ist. Ueberdies bestehen diese letzteren zum großen Theile nicht eigentlich zwischen den beiden Verfahrungsarten als Formen der Enquêten, sondern zwischen allen Vernehmungen von Sachverständigen überhaupt. Der Anordner der Enquête wird, welcher Grundtypus auch zur Anwendung komme, den Leitern der Sachverständigenvernehmung eine bedeutende Freiheit bei Auswahl der Auskunftspersonen gewähren. Die Abhörer werden in beiden Fällen gegenüber den Abzuhörenden Rücksichten beobachten, welche theils durch die Natur der Sache, theils durch die Analogie rationeller Proceßgesetze an die Hand gegeben werden. Aus der speciellen Aufgabe einer Enquête wird zu folgern sein, daß von Zeugnißzwang und Vereidigung der zur Aussage Berufenen regelmäßig nicht die Rede sein kann; aus der Analogie gerichtlicher Procedur ergiebt sich, daß die Einzelvernehmung jedes Sachverständigen die Regel bildet, während die Collectivvernehmung und Gegeneinanderstellung Mehrerer nur unter besonderen Umständen als ein Mittel, zu Aufschlüssen zu gelangen, zulässig erscheint. —

Um die Erörterung über die Form der Enquête zum Abschluß zu führen wird es zweckmäßig sein, die Bemerkung, daß die beiden als Grundtypen aufgewiesenen Verfahrungsarten eben nur diesen Charakter besitzen, daß also Modificationen derselben möglich sind, durch Hinweis auf einige specielle Fälle dieser Art etwas zu erläutern.

Die oben für eine Specialfrage bereits begründete Anschauung, daß eine Modification des einen Grundtypus durch Hineintragung einer einzelnen, dem anderen eigenthümlichen Einrichtung in denselben eine gute Wirkung nicht haben wird, halte ich für allgemein richtig. Wenigstens weiß ich keinen Fall anzuführen, wo eine solche Construction zweckmäßig erschienen wäre, wohl aber noch ein weiteres Beispiel vom Gegentheile.

Die Handelskammer in Hamburg rieth — und zwar damals mit meiner vollsten Zustimmung — den dortigen Staatsbehörden, sie möchten die Vernehmungen über Lehrlings= ꝛc. Verhältnisse nicht durch die Einzelbeamten vornehmen lassen, sondern in einer für das Hamburgische Staatsgebiet zu bildenden Commission centralisiren.

Die Staatsbehörde folgte diesem Wunsche und bildete die gewünschte Commission aus Beamten und Bürgern, aus Arbeitnehmern und Arbeitgebern.

Aber die Erfahrung hat — zum Mindesten mich — gelehrt, daß die partielle und locale Uebertragung des Kopfstückes einer vollständig organisirten Enquête in den anderen Grundtypus das Verfahren wohl schwerfälliger, aber nicht fruchtbarer machte.

Unsere Enquête=Commission theilte sich sehr bald zur besseren und schnelleren Bewältigung des Materials in mehrere die Vernehmungen vornehmende Einzel= sectionen und bildete auf diese Weise, so viel an ihr lag, das Enquête=Verfahren in diejenige Form zurück, welche bei der Uebertragung der Geschäfte an Einzel=Commissare von vornherein die gegebene gewesen wäre.

Zu berathen fand sich für die Commission selbst bei dem feststehenden Zuschnitte ihrer ganzen Thätigkeit nur Weniges und was sich fand, führte meist nur zu beiläufigen Erörterungen akademischer Natur.

Wahrhaft zweckmäßige Modificationen der beiden Grundtypen entstehen also schwerlich durch ihre Kreuzung, wohl aber theils durch Erweiterung des Enquête= zweckes, theils durch Abkürzung des Verfahrens innerhalb desselben Grundtypus.

Ein Beispiel von wesentlichen, durch Zweckerweiterung gebotenen Modificationen bietet das in diesem Momente in Berathung befindliche Gesetz über die Untersuchung von Schiffsunfällen. Nach demselben sollen die Ursachen aller erheblicheren Schiffsunfälle untersucht und über dieselben ein Sachverständigen= ausspruch herbeigeführt werden; und soll ferner dasselbe Collegium, welches diese Untersuchung führt, falls es als Ursache eines Unfalles ein Verschulden des Schiffers, Steuermannes u. s. w. constatirt, diesem die Befugniß zum Gewerbe= betriebe absprechen. Wir haben hier also eine vollständig organisirte Enquête, deren Spitze sich eventuell gegen bestimmte Personen wendet, die Anschließung einer gewerbspolizeilichen Sentenz an das Gutachten eines Enquête=Organs. Im Wesentlichen ebenso wie es jetzt für Deutschland vorgeschlagen wird, ist seit 1876 das Verfahren des New Wreck Court in England gestaltet. Die Grenzlinie zwischen Enquête=Verfahren und pönaler Procedur ist in einer Zwischenbildung dieser Art in der That unfindbar. Der Vorsitzende des New Wreck Court verwahrte in seinem ersten Urtheil oder Gutachten sich einerseits feierlich gegen das Vorurtheil, daß er im Strafverfahren leite, er leite nur ein Enquête=Collegium (Board of Enquiry), andererseits aber redete er in demselben Urtheil von Angeschuldigten (incriminated), über die er aburtheilte.

In einem Falle dieser Art liegt das Charakteristische des formalen Aufbaues der Untersuchung darin, daß eine Enquête=Commission mit den Garantieen richterlicher Unabhängigkeit bekleidet wird, ohne deßhalb ihre Legitimation als Sachverständigen=Collegium zu verlieren, daß die Vernehmungen die Strenge gerichtlicher Form beobachten müssen, ohne daß ihr Umfang und Zweck, wie im Strafverfahren auf die Ermittelung einer That und des Thäters sich beschränkt, vielmehr darüber hinaus sich erstreckt, auf die Ermittelung aller erkennbaren

Ursachen des Unfalles auch für den Fall, daß derselbe in keiner Weise auf den Willen oder die Schwäche des Willens eines Menschen sich zurückführen ließe, sondern schließlich als Naturereigniß, als That Gottes, wie es im Englischen Rechte benannt wird, hingenommen, aber doch nicht stumm und nicht unerforscht hingenommen werden muß.

Ich bin der Ansicht, daß durch kein Mittel die lebendige Anschauung von dem Wesen und die Erkenntniß des Nutzens vollständig organisirter Enquêten bei uns in Deutschland mehr gefördert werden kann als durch schrittweise und vorsichtige, gesetzliche Regelung solcher auf der Grenzscheide zwischen gerichtlicher Procedur und vollständiger Enquête liegender Kategorieen von Einzelfällen. Es macht in diesen und ähnlichen Anwendungen (Todtenschau) die Enquête ein großes Anlehen bei der Jurisprudenz, zahlt aber dasselbe der Justizverwaltung gleichzeitig mit Zinsen zurück, da es den technischen Sachverstand an den Punkten des dringendsten Bedürfnisses, indem es denselben zur Entscheidung beruft, zur vollsten und voll verantwortlichen Geltung bringt und dadurch die Lösung von Aufgaben der Gerechtigkeit ermöglicht, an welchen Schulung und Auffassungskraft des Richterthums, feierliche Erleuchtung der Geschworenen und respectabler Menschenverstand von Schöffen erfahrungsgemäß sich vergeblich zu versuchen pflegen.

Modificationen des Enquête=Formalismus durch Abkürzung des Grundtypus, namentlich der vollständigen Enquête, sind in sehr verschiedener Weise zulässig und zweckmäßig.

Es giebt z. B. Verumständungen, in welchen der die Enquête anordnende Factor es im öffentlichen Interesse geboten erachtet, daß eine Reihe von Thatsachen und ihre ursächlichen Verknüpfungen erforscht werde, während er gleichzeitig die Ansicht festhält, daß jeder Vorschlag zu Maßregeln im Anschlusse an die Resultate der Untersuchung zur Zeit noch verfrüht und dem öffentlichen Interesse zuwiderlaufend sein würde. In solchen Fällen kann er eine Enquête in der Weise anordnen, daß er der Commission die Erforschung und Berichterstattung über die Thatsachen, aber nicht die Erstattung eines Gutachtens und die Aufstellung von Empfehlungen aufträgt. Auf eine derartige Amputation des letzten Gliedes der vollständigen Enquête ist z. B. die Gestalt des Englischen Unterhaus=Ausschußberichtes über den Preisfall des Silbers vom vorigen Jahre zurückzuführen. Drei Jahre vorher hat eine Commission über den damals hohen Preis der Kohle ein ähnlich beschränktes Mandat erfüllt.

Die Vorberathung eines viele Detail= und technische Entscheidungen erfordernden Gesetzes kann in der Form geschehen, daß man eine größere Zahl von Sachverständigen convocirt und sie alle wesentlich an in Frageform gebrachten Punkten des betreffenden Entwurfes miteinander discutiren läßt.

Jedes Mitglied der Versammlung vernimmt auf diese Weise jedes andere; es entsteht eine vollständige Enquête, aber dadurch abgekürzt, daß die Mitglieder der Commission lediglich ihr eigenes sachverständiges Urtheil hören. Ausführliche Protocolle über die Verhandlungen ergeben wegen der hergestellten Verschmelzung zweier in einer vollständig organisirten Enquête gewöhnlich getrennt auftretenden Sachverständigenreihen genau dasselbe Material, welches sonst im Schlußberichte zu finden ist. Aus einer derartigen Vorberathung ist der Patentgesetzentwurf, welcher dem Reichstage vorliegt, hervorgegangen. Eine abgekürzte Enquête dieser Art erscheint zulässig, wo immer eine wirthschaftliche Gesetzgebungsfrage durch die Wissenschaft und die öffentliche Meinung so weit vorbereitet ist, daß alle wesentlichen Meinungsverschiedenheiten sich bereits als scharf begrenzte Controversen deutlich erkennen lassen und zur Entscheidung oder Erledigung im Wege des Compromisses reif sind. Nur kann man vielleicht fragen, ob in solcher Situation nicht ebenso befriedigende Erfolge, wie in Gestalt der Enquête, auf dem planeren Wege zu erzielen wären, daß man dieselben Sachverständigen statt über Fragen, über die Grundzüge eines Gesetzentwurfes discutiren und sie selbst Amendements zu demselben stellen ließe.

Das Gesagte dürfte genügen, um zu erläutern, daß ich die beiden Grundtypen der Enquêten, auf deren Unterscheidung zunächst von Seiten der Form ich Werth gelegt habe, keineswegs als eisern und unbeweglich ansehe, gleichzeitig aber auch wahrscheinlich zu machen, daß eine dieser beiden Grundtypen sich in jeder Gestalt und in jedem Aufzuge, welchen man versuchen mag, wiedererkennen läßt.

Ich versuche in dem Folgenden, die Bedeutung und die Nutzanwendung der bisherigen formalen Erörterung anzudeuten, durch einige Bemerkungen:

II. Ueber das Verhältniß der Organisationsformen von Enquêten zu ihren Aufgaben.

Es handelt sich darum, zu untersuchen, ob es allgemein gültige Regeln giebt, nach welchen der Anordner und Ordner des Verfahrens aus der **Aufgabe** einer concreten Enquête abnehmen kann, an welchen formalen Grundtypus er sich zu halten hat, um die bestmöglichen Chancen befriedigender Enquête-Resultate zu erlangen.

Indem ich die Frage, welche ich in diesem zweiten Abschnitte andeutungsweise berühre, von vornherein so hinstelle, daß ich von einer Wahl zwischen beiden Enquêtetypen rede, setze ich selbstverständlich voraus, daß beide relativ berechtigt sind und daß sie bei uns auf die Dauer neben einander in Anwendung zu bleiben Aussicht haben.

Beides bejahe ich aus vollster Ueberzeugung; und selbst für Denjenigen, welcher den Gründen, aus welchen ich sogleich die Coexistenz beider Typen sachlich und logisch zu entwickeln gedenke, keinerlei Gewicht beilegen will, sollte meines Erachtens schon ein oberflächlicher Blick auf die sich aufdrängenden **politischen** Verschiedenheiten in der Stellung des Anordners der Enquête bei vollständiger und unvollständiger Organisation derselben genügen, um ihn von dem radicalen Rathe zurückzuhalten, es möge die Duplicität auf diesem Gebiete aufgegeben und künftig derselbe Organisationsplan jeder Enquête zu Grunde gelegt werden, lediglich mit denjenigen Abweichungen im Einzelfalle, welche die **stofflichen** Verschiedenheiten der zu untersuchenden Gegenstände auch im Falle der Einheit des Grundtypus rechtfertigen und erfordern werden.

Als einheitlicher Grundtypus könnte immer nur der, welchen wir die vollständig organisirte Enquête benannt haben, in Frage kommen. Jedermann aber wird, wenn er bis hierher gelesen hat, bereits selbst gefühlt haben, daß unter politischem Gesichtspunkte die Formunterschiede zwischen beiden Grundtypen nur der äußere Ausdruck und die Contouren jener zwei verschiedenen Triebkräfte und

Factoren darstellen, welche in unserem heutigen Staatsleben in Folge geschichtlicher Entwickelung überall neben einander wirksam erscheinen, ja, deren Reibungen, Kämpfe, wechselseitige Anregungen und Auslösungen den besten Theil unseres politischen Lebens überhaupt bilden, von denen es also kaum verwunderlich ist, daß sie auch im officiellen Untersuchungswesen durch verschiedene formale Bildungen ihre Kraft und Gegensätzlichkeit bewährt haben.

Der Typus der unvollständigen Enquête verdankt politisch der Idee des Beamtenstaates seine Entstehung. Er beruht auf der Erkenntniß, daß es in gewissen Fällen nützlich für das Regiment eines Staates ist, wenn die Obrigkeit den Unterthanen, wenn die Regierung den Regierten Gelegenheit giebt, nach einem festgestellten Plane ihre Darstellungen und Beschwerden, ihre Stimmungen und Wünsche mitzutheilen, damit die nun wohlinformirte Entscheidung, ob und was etwa zu thun sei, erfolgen könne. Die Utilisirung des Unterthanenverstandes in einem Beamtenstaate ist der politische Grundgedanke der unvollständigen Enquête = Form.

Der Typus der vollständigen Enquête ist dagegen politisch ein Kind des Parlamentarismus. In ihm fragt nicht ein wohlwollender Regent, wo seine getreuen Untergebenen der Schuh drückt, sondern der Staatsbürger sieht zu, ob Gesetze, Verwaltungseinrichtungen, Behörden und Beamte der Rectification bedürfen. Die vollständige Enquête ist mit einem Worte eines der Controll=, Agitations= und Machtmittel des modernen Staates.

Ich weiß sehr wohl, daß diese Gegensätze des Ausgangspunktes der Tendenz und der politischen Grundlage, daß die verschiedenen Lebensprincipien, welche die verschiedene Gestalt bedingen, nur auf dem Papiere so schroff gegen einander stehen, daß in der Wirklichkeit unser Heil nicht in der Betonung, sondern in der Vermittlung des aufgewiesenen Contrastes besteht. Nur deßhalb habe ich ihn überhaupt aufgewiesen, um dem Verlangen nach der Beförderung des Typus der vollständig organisirten Enquête zur Alleinherrschaft die Einrede entgegenzustellen, daß es politisch nicht angeht, die Beseitigung morphologischer Eigenthümlichkeiten der Büreaukratie auf einem kleinen und abgegrenzten Gebiete zu verlangen, während dieselbe biologisch in allen Theilen unseres Staatslebens unverwüstliche Gesundheit, Kraft und Entwickelungsfähigkeit zeigt.

Aber ich bin weiter der Ansicht, daß nicht nur durch politische, sondern durch innere Nothwendigkeit das Nebeneinanderbestehen der beiden Grund=Typen gerechtfertigt ist, daß eine im Hinblick auf die verschiedenen Aufgaben der Enquêten rationelle Wahl bald des einen, bald des anderen Typus die absolut wünschenswertheste Ordnung der Dinge darstellt.

Als Aufgabe jeder Enquête ist oben die Ermittelung ökonomischer und socialer Thatsachen und ursächlicher Zusammenhänge bezeichnet worden. Es liegt also klar vor, daß die Aufgabe der Enquêten dialektisch identisch ist mit der Aufgabe großer Zweige der Wissenschaft und der Literatur, daß die Enquête sich schließlich darstellt als eine von vielen Methoden, um Thatsachen zu sammeln und inductive Schlüsse aus denselben zu ziehen; von anderen zu demselben Ziele strebenden Methoden nur äußerlich unterschieden durch die behördliche Anordnung, welcher sie ihre Entstehung verdankt und durch die vorzugsweise Verwendung von Erkundigungen bei Menschen zum Zwecke der Thatsachensammlung und der Anleitung zu richtiger Induction.

Wie demnach jede Enquête als ein Versuch zur Lösung eines Problems durch inductive Untersuchung sich darstellt, so setzt jede **Anordnung** einer Enquête bei dem Anordner voraus die Formulirung des Problems und die Ueberzeugung, man könne seiner Lösung durch inductive Untersuchung sich nähern.

Alle Probleme aber, hinsichtlich welcher die letztere Ueberzeugung mit Recht gehegt wird, sind zur Zeit noch ungelöst, theils weil wir nicht genug **Thatsachen** genau kennen und wissen, auf welche wir inductive Schlüsse bauen könnten, theils weil wir nicht schlüssig sind, ob aus den uns bekannten Thatsachen Dies und Jenes als Erkenntniß inducirt werden darf. Beschaffung von mehr Unterlagen für Inductionsschlüsse, Revision der bisher gemachten Inductionsschlüsse in Betreff eines bestimmten Gegenstandes und Begründung neuer Schlüsse dieser Art — das ist die Arbeit, welche Enquêten überhaupt verrichten, oder zu deren Verrichtung sie behülflich sein sollen.

Der Anordner der Enquête hat, sobald er diese Sätze anerkennt, den Leitfaden in der Hand, nach welchem er (falls nicht politische Erwägungen ihn vorwiegend beeinflussen) den Typus der unvollständig organisirten oder die vollständig organisirte Enquête wählen wird.

Er muß in Fällen, deren Schwierigkeit in erster Linie in mangelnder Kenntniß der Thatsachen beruht, die unvollständig organisirte Enquête, dagegen in Fällen, in welchen die Schwierigkeit in erster Linie auf den Streit über das Gewicht der Thatsachen und die aus denselben zu ziehenden Schlüsse zurückzuführen ist, die vollständig organisirte Enquête anordnen. —

Die unvollständig organisirte Enquête ist nach ihrer formalen Anlage ein viel wirksameres Instrument, um große Mengen von Thatsachen, namentlich wenn sie auf einem großen Gebiete zerstreut liegen, zu sammeln, als die vollständige. Wenn wir sehen, daß die vielerwähnten Erhebungen über Arbeiterverhältnisse zu einer Abhörung von **mindestens** zehntausend verschiedenen Personen an 559 verschiedenen Orten geführt hat, so ist klar, daß in Bezug auf die Möglichkeit, **thatsächliches** Material zu sammeln, eine solche unvollständig organisirte Enquête der vollständig organisirten weit voransteht, daß sie sich bezüglich der **Massenhaftigkeit** der Beobachtungen, welche sie registrirt, den Arbeiten der statistischen Büreau's nähert.

Die vollständige Enquête aber ist der unvollständigen weitaus überlegen in der **Discussion der Thatsachen**, in vielseitiger, vorsichtiger, controllirter Induction aus denselben.

Und daher darf es uns, wenn wir uns erinnern, daß **vor** der amtlichen Untersuchung der Lehrlings-Verhältnisse die **thatsächlichen** Unterlagen der Frage schon recht umfassend bekannt waren, aber ein tiefgehender Streit darüber bestand, was aus der Thatsache für den Gesetzgeber folge, nicht wundern, wenn wir jetzt im Schlußberichte über dieses Verfahren lesen:

„So umfangreich die Erhebungen angelegt gewesen sind, so haben sie doch eine große Mannigfaltigkeit von Ideen und Vorschlägen nicht zu Tage gefördert."

Wenn hier die Aufwendung einer ungeheuren Summe von Enquête-Arbeit, aber sehr wenig Bereicherung unserer Gedanken vorliegt, so ist die Erklärung für dieses Mißverhältniß keine andere, als daß bei dieser Gelegenheit die Enquête in eine ihrer Aufgabe nicht entsprechende Form gebracht wurde.

Es handelte sich um ein Problem, in Bezug auf welches die Thatsachen in sehr weitem Umfange bereits bekannt, die Auffassung der Thatsachen und die Meinung über die aus denselben zu ziehenden Schlußfolgerungen im höchsten Grade bestritten und getheilt war.

Es war Discussion nothwendig; nicht Thatsachensammlung.

Wenn dem Bundesrathe, an Stelle des von ihm angeordneten Verfahrens, beliebt hätte, eine Commission von etwa neun Personen, bestehend aus Arbeit=gebern, Arbeitnehmern und einigen juristisch und ökonomisch gebildeten un=abhängigen Personen, zu bilden und mit dem Auftrage zu betrauen, nach Ver=nehmung von Sachverständigen und Interessenten über die fraglichen Verhältnisse und über die Räthlichkeit und Modalität einer Revision der betreffenden Be=stimmungen der Gewerbe=Ordnung zu berichten; wenn diese Commission alsdann nicht 10,000, sondern nur 50 bis 100 Interessenten aus allen Theilen Deutsch=lands in völlig ungebundener Weise gründlich abgehört hätte, und schließlich auf Grund der stenographirten Aussagen selbst in Berathung getreten wäre, um die Differense in ihrer eigenen Mitte zu constatiren und in einigen Punkten vielleicht Uebereinstimmung zu erzielen; wenn, mit einem Worte, die Aufgabe der Enquête in die ihr gemäße Form des Verfahrens gebracht worden wäre: — dann glaube ich zwar nicht, daß die an das Lehrlingswesen und die Arbeitsverhältnisse sich knüpfenden Streitfragen sofort zur Schlichtung gediehen wären; aber davon bin ich überzeugt, daß die Regierung sich schließlich über alles Andere eher mit Recht hätte beklagen können, als über Mangel an Mannigfaltigkeit der Ideen und Vorschläge; und für unwahrscheinlich halte ich, daß nach Erstattung des Berichtes einer solchen Enquête die jüngsten Debatten im Reichstage hätten stattfinden können, ohne daß eine Spur von Einfluß der Resultate der Unter=suchung auf die Meinung der Gesetzgeber zum Vorschein gekommen wäre. —

Es ist unter den umgekehrten Verhältnissen genau die umgekehrte In=congruenz zwischen Aufgabe und Form der Enquête möglich. Die Hungersnoth von Orissa von 1866 ist in England Gegenstand einer vollständig organisirten Enquête gewesen. Das Blaubuch über dieselbe hat aber nur die Reihe früherer Schreckensdarstellungen gleicher Art vermehrt; welches Mittel anzuwenden sei, damit die indische Regierung künftig nicht von dem plötzlichen Hereinbrechen des absoluten Nahrungsmangels unter den eingeborenen Millionen überrascht werde, darüber hat die Orissa=Untersuchung nichts Neues ergeben. Eine unvollständig organisirte Enquête hat nachträglich dies Mittel geliefert. Hunter, damals Chef des Statistischen Büreau's von Bengalen, erkundete durch Aussendung eines Fragebogens in alle Districte der Präsidentschaft, welche Höhe des Reispreises nach der Haupternte den Anzeiger dafür bilde, daß Reis bis zur nächsten Ernte so hoch im Preise steigen werde, daß die Besitzlosen nicht mehr in genügender Menge davon kaufen könnten. In dem Werke Famine Warnings sagte er sodann auf Grund und unter Vorlegung des Materials seiner Enquête die Bengalische Hungersnoth von 1873 voraus. Sie ist, so lange in Indien Menschen das Land bestellen, die erste, welche mit Erfolg bekämpft worden ist. Der Frage=bogen Hunter's hat Hunderttausenden das Leben gerettet. Keine Discussion könnte ihn ersetzen.

Es ist offenbar, daß nach dieser Ansicht die Wahl des Enquête=Typus im speciellen Falle bei dem Ordner der Enquête nicht blos den guten Willen, sich aufklären zu lassen, sondern ein vorheriges sehr genaues Studium des zu untersuchenden Stoffes selbst erheischt. Im Streite der Meinungen sind immer gleichzeitig die Thatsachen und Das, was die Thatsachen unserem Verstande sagen, controvers; im speciellen Falle zu prognosticiren, ob eine Discussion vorwiegend durch Vermehrung und stärkere Verbreitung thatsächlicher Kenntnisse oder ob sie vorwiegend durch dialektische Austragung gefördert werden kann, wird häufig ein schwieriges Geschäft sein. Zur zweckentsprechenden Organisation einer Enquête ist in der Regel Derjenige am besten berufen, welcher der Aufklärung selbst am wenigsten bedarf; Unkenntniß der Sache befähigt wohl zur Aufstellung langer Reihen von Fragen, aber schon das Sprüchwort sagt, daß diese Fähigkeit sehr ausgebildet, aber zugleich nutzlos sein kann, weil selbst die Weisen nicht alle Fragen beantworten können.

Ueber Untersuchung von Thatsachen auf socialem Gebiete.

Gutachten

von Gustav Cohn.

Der Verein für Socialpolitik hat bereits im Jahre 1873 eine ähnliche Frage zum Gegenstande der Begutachtung gemacht und es haben sich über die Veranstaltung von Enquêten damals namentlich zwei Autoritäten geäußert, welche wissenschaftliche Sachkenntniß mit praktischer Geschäftserfahrung verbanden. In jenen beiden Gutachten und den sich daran knüpfenden Referaten und Verhandlungen ist, wie mir scheint, alles Wesentliche in zum Theil vortrefflicher Weise hervorgehoben worden, und wenn heute derselbe Gegenstand aufs Neue angeregt wird, um abermals begutachtet und besprochen zu werden, so ist dieses augenscheinlich veranlaßt worden durch die inzwischen vorgenommenen Fabrik- und Lehrlings-Enquêten des Deutschen Reiches. Ein Beruf also, sich jetzt kritisch zu äußern, käme vornehmlich solchen Männern zu, welche diesen Enquêten nahe gestanden haben und Mittheilungen über ihre praktischen Erfahrungen zu machen geneigt sind. Kundgebungen, wie sie in loserer Form u. A. in der „Concordia" (Jahrgang 1875 und 1876), in Handelskammerberichten, wie namentlich demjenigen von Zittau (von Dr. Carl Roscher) niedergelegt sind.

Mir fehlt nicht die Neigung, der freundlichen Aufforderung des Vereins für Socialpolitik zu folgen, wohl aber der Beruf. Einigermaßen hatte ich mich mit der Deutschen Reichs-Enquête bekannt machen wollen, indem ich einen Einblick in das Verfahren durch Kenntnißnahme der betreffenden Publication zu gewinnen suchte. Doch bis zu diesem Augenblicke (Ende Februar) ist mir das nicht gelungen, da ein durch Vermittlung des Schweizerischen Bundespräsidiums in Aussicht gestelltes Exemplar bisher nicht eingetroffen ist.

Unter solchen Umständen kann ich meinen guten Willen nur dadurch bethätigen, daß ich aus dem beschränkten Kreise meiner literarischen Erfahrung, aus welchem vor zwei Jahren ein kleiner Aufsatz über parlamentarische Untersuchungen in England hervorgegangen ist, das oft angerufene ausländische Beispiel im Hinblick auf Deutsche Nachahmungen mit einigen Hauptzügen kennzeichne; zu welchem Zweck ich einzelne Blaubücher neuerdings durchgesehen habe, die mit dem besondern Gegenstande gewerblicher Enquêten sich näher berühren, als meine früheren Arbeiten.

* * *

Bei Nachahmung ausländischer Staatseinrichtungen pflegt blinde Bewunderung mit autochthoner Selbstzufriedenheit in kurzen Zeiträumen, ja beides öfter nebeneinander, abzuwechseln. Die tiefsinnige Ueberzeugung, daß Englische Institutionen für uns schlechthin unbrauchbar seien, ist offenbar noch bequemer als die Wiederholung der hergebrachten Fabeln von deren Vortrefflichkeit. Nützlicher und mühevoller als Beides ist die ins Einzelne gehende Untersuchung der wirklichen Verfassung und Verwaltung des Englischen Staats. Ehe das Werk einer solchen Untersuchung vollendet ist — und dazu fehlt noch viel — wird ein allgemeines Urtheil über die Anwendbarkeit oder Unanwendbarkeit Englischer Vorbilder um nichts lobenswerther sein, als jene nationale Oberflächlichkeit wider Fremdes, welche wir selber den Engländern und Franzosen mit gutem Rechte vorzuwerfen gewohnt sind. Doppelten Anlaß zu gewissenhafter Prüfung ausländischer Einrichtungen haben wir heute, da die großartige Entwicklung unsers nationalen Lebens und unserer inneren staatlichen Aufgaben, nach den sich täglich mehr verbreitenden Ueberzeugungen[1]), die intellectuelle Leistungskraft unseres Beamtenthums auf einer Höhe findet, die zwar immer noch höher sein mag als diejenige anderer Länder, aber durchaus zurückbleibt hinter dem Maßstabe der Anforderungen nach Deutscher Tradition. Wenn man über das Verfahren der parlamentarischen Untersuchungen in England für ähnliche Zwecke im Deutschen Reiche redet, so sollte man zuerst einen zureichenden Einblick in das wirkliche Verfahren sich zu verschaffen suchen, ehe man Dasjenige hervorkehrt, was daran für Deutsche Verhältnisse nicht paßt und was für alle Verhältnisse Tadel verdient. Die Bemerkung zu machen, daß jenes Verfahren schon oft gelobt worden sei, aber daß der Preußische Geheimrath und der Preußische Regierungs-Assessor mit ihrer wissenschaftlichen Bildung dabei vermißt werden, — sollte man wenigstens so lange Geduld haben, bis man dasjenige kennen gelernt hat, was so oft gelobt worden ist, ohne gekannt zu sein.

Meine kleine Schrift beabsichtigte, aus den Quellen darzuthun, daß in dem Verfahren jener Untersuchungen gewisse Grundsätze zur Ermittlung der Wahrheit, Dank den Gewohnheiten und Uebungen des Englischen Staatslebens, in einer Weise verwirklicht sind, welche das einfache Ergebniß sachlicher Zweckmäßigkeit und darum, einzelner Modificationen unbeschadet, in der Hauptsache allgemein nachahmungswerth sei. Ich stellte das bei Parlaments-Ausschüssen fast ausschließlich befolgte mündliche und öffentliche Verfahren in diesem Sinne dar, als lehrreiches Gegenstück gegen die Versuche in Deutschland. Dabei habe ich wohlbewußt den Nachdruck auf das hauptsächliche Mittel des Untersuchungs-Verfahrens gelegt, welches keineswegs das einzige ist, auch in England nicht. Denn nicht blos prägt sich darin am besten der Vorzug Englischer Untersuchungen aus, sondern dies Gegenbild erschien mir wünschenswerth, um von den Abwegen continentaler Enquêten abzulenken.

Daß die Mündlichkeit des Englischen Verfahrens allein nicht genügt für tiefergehende Untersuchungen, davon habe ich mich wieder neuerdings bei dem Studium der Blaubücher über Kinderarbeit u. dgl. überzeugt. Aber ich habe

---

[1]) Ich verweise auf den Aufsatz von Prof. Otto Gierke in v. Holtzendorff und Brentano's Jahrbuch für Gesetzgebung, Verwaltung und Volkswirthschaft im Deutschen Reiche. 1. Jahrg. 1. Heft.

den Eindruck erhalten, daß die Art und Weise, wie man in Deutschland, sei es durch bloße Meinungs-Aeußerung, sei es durch die amtlichen Vorgänge, im Gegensatze zu jenem ausländischen Verfahren die heimischen Vorzüge zu zeigen sucht, nicht sowohl den Gegensatz der Schriftlichkeit und der Mündlichkeit trifft, sondern den Gegensatz eines einheitlich festgestellten Formulars, das von einer Anzahl von Behörden irgendwie ausgefüllt und alsdann zurückgesandt wird, — zu dem gesunden Weltverstande, welcher ein Stück frischer Lebenswahrheit sucht, das ihm ein echteres Bild vom Ganzen ist, als jenes dürre allumfassende Gerippe.

Man soll überhaupt nicht meinen, wenn man Ernst machen will mit amtlichen Untersuchungen über sociale Thatsachen, daß dies eine Arbeit sei, die sich so nebenbei, gelegentlich, in ein paar Monaten erledigen lasse. Wenn man aus den Englischen Materialien gar nichts lernen will, so lerne man wenigstens dieses, daß dieselben, soviel sie immerhin zu wünschen übrig lassen hinsichtlich statistischer Grundlagen, Vollständigkeit u. s. w, erstens regelmäßig eine Reihe von Jahren dauern, zweitens sich bescheiden, jeweilen nur ein geringes Stück von Demjenigen zu umfassen, was mit großer Zuversicht bei uns auf einmal ins Formular gesetzt wird. Die Untersuchung über die Kinderarbeit vom Jahre 1862, welche ihre Berichte in den Jahren 1863 bis 1867 veröffentlichte, hatte lediglich zum Gegenstande die Kinderarbeit in den bisher von der Fabrikgesetzgebung nicht geschützten Gewerben, d. h. eine geringe Minderheit vom Ganzen. Unmittelbar darauf folgte eine zweite Commission zur Untersuchung der Kinderarbeit im Ackerbau von ähnlicher Dauer und von ähnlichem Umfange der veröffentlichten Materialien. Seit dem Juni des Jahres 1874 sitzt eine Königl. Commission zur Untersuchung über die Verhütungsmittel der Eisenbahn-Unfälle, und dieselbe hat erst jetzt ihren Bericht veröffentlicht.

Soviel Zeit braucht man, auf so specielle Partieen der Thatsachen beschränkt man sich, und dennoch ist das Geleistete lückenhaft, aber freilich ist diese Lückenhaftigkeit von anderem Range als jene Vollständigkeit des Formulares.

Und dazu kommt, daß sich die mannigfaltigsten Materialien in Englischen Verhältnissen ergänzen. Ich erinnere nur an die halbjährlichen Berichte der Fabrikinspectoren, die seit der Mitte der dreißiger Jahre erscheinen, und von Jahr zu Jahr umfangreicher werden; ich erinnere an die kürzeren Untersuchungen, welche von den Ausschüssen der Häuser des Parlaments veranstaltet werden. Dazu die Berichte der Inspectoren des Gesundheitsamts, des Unterrichtsdepartements, der Bergwerke u. s. w. Ferner die Thätigkeit gemeinnütziger Gesellschaften, die Wirksamkeit der Presse für Veröffentlichung objectiver Mittheilungen aus dem weiten Gebiete des socialen Lebens.

Also eine gegenseitige Controle und Correctur der nebeneinander laufenden oder aufeinander folgenden Ermittlungen über die Zustände des Lebens. Ein sociales Catasterwerk, das niemals fertig ist und an dem immer fortgearbeitet wird, um es zu ergänzen, um der Wandlung der Thatsachen zu folgen.

Auch in England ist dieses Werk erst im Laufe des letzten Menschenalters energisch in die Hand genommen worden. In dem 1834 publicirten Kataloge über die parlamentarischen Reports, welche von 1696 bis 1834 erschienen sind, ist wenig zu finden, was sich mit socialen Anliegen beschäftigt, ja die Gesammtheit der hier aufgeführten Reports ist eine geringe Zahl im Vergleiche zu der umfangreichen Masse, deren bloßer Titel in der 1874 veröffentlichten List of Parliamentary Papers 1836—1872 enthalten ist. Noch im Jahre 1839 konnte Carlyle schreiben in dem auch heute sehr lesenswerthen Capitel über „Statistik" (Chartism. ch. 2): „Die Lage des Arbeiters, was sie ist und was sie gewesen ist in diesem Lande, ob sie sich gebessert oder verschlechtert hat — das ist eine Frage, auf welche die Statistik bisher keine Antwort gegeben hat. Bis jetzt ist man mit allen Tabellen und Ziffern hauptsächlich auf das angewiesen, was man mit eigenen Augen beobachten kann — eine höchst unvollkommene Methode. Jedermann erweitert sein eigenes Handbreit von Beobachtung zu den Grenzen der Gesammtheit. Daher denn Widersprüche, Zwiste hin und her. Wenn das Parlament die Frage über den Zustand von England aufnimmt, was es eines Tages wird thun müssen, dann freilich kann Vieles gebessert werden. Untersuchungen verständig unternommen, werden selbst für diesen so verwickelten Gegenstand Ergebnisse liefern, die etwas werth sind."

Was man seitdem, und freilich manches, das man schon zuvor von Parlamentswegen veröffentlicht hat, das sollte man studiren, um Fingerzeige zu gewinnen für dasjenige Verfahren, welches jetzt auf Deutschem Boden zu befolgen sei. Jene Blaubücher werden zeigen, daß die Formen des englischen Verfahrens keineswegs feste und gleichmäßige sind, vielmehr von Fall zu Fall schwanken, selbst innerhalb derselben Kategorie von Untersuchungen. Gerade bei den großen Untersuchungen, denjenigen der Königlichen Commissionen, schwanken sie am meisten, weil diese am ungebundensten sich an die Mannigfaltigkeit des Materials anzuschmiegen trachten, das sie untersuchen wollen, und weil sie von Fall zu Fall nach dem wechselnden Befinden der jedesmaligen Commissionen das Eine oder andere verbessern. Wenn man z. B. aus ein bis zwei Blaubüchern, die man gesehen hat, tadelnd hervorhebt, daß „meistens diese Commissionen nur aus zwei bis drei Männern zusammengesetzt seien (die obenein nicht einmal Geheimräthe sind)", so sollte man sich die Mühe nehmen, ein drittes, viertes und fünftes Blaubuch nachzuschlagen, um sich zu überzeugen, daß in andern Commissionen sechs oder zwölf oder noch mehr Mitglieder gesessen haben. Ich selber muß bekennen, daß ich in meiner Darstellung vor zwei Jahren ein vielleicht zu typisches Bild gegeben habe, das für die Ausschüsse des Parlaments zutreffend, aber für die großen Untersuchungen der Königl. Commissionen weniger paßt, als es aus dem dort Gesagten hervorgeht. Jedoch eben jene Einzelheiten kennen zu lernen, ist vielmehr Aufgabe des Praktikers, welche die Sache ins Werk setzen wollen, als einer theoretischen Darstellung. Eine Mittheilung jener Details aus den Quellen wäre an dieser Stelle ebenso ermüdend für den Leser, wie mühelos für den Verfasser.

Die wesentlichen Grundzüge des Verfahrens werden aber meines Erachtens die folgenden sein müssen.

Weil bei der großen Arbeit, um welche es sich handelt, überhaupt zunächst auf eine ideale Leistung verzichtet werden muß, weil überhaupt erst Erfahrungen gemacht werden müssen, weil erst eine Uebung und die geübten Kräfte herangezogen werden müssen, welche nicht von vornherein zu haben sind: so ziehe man die Lebenswahrheit und Gründlichkeit eines Stückes des Ganzen, das man untersucht, der alles umfassenden Systematik der Fragebogen vor. Wie die

Meisterschaft des Geschichtsforschers sich darin zeigt, daß er ein einzelnes Stück des historischen Lebens ans Tageslicht fördert, welches typische Wahrheit besitzt für einen unendlich weiteren Kreis des wirklich Geschehenen: so begnüge man sich, statt oberflächlicher Vollständigkeit, mit genauer Untersuchung einzelner Theile vom Ganzen. Eine gewissenhafte Durchforschung einzelner Industriebezirke von hervorragender Bedeutung und die Beschränkung der Untersuchung auf gewisse hervorragende Industriezweige wird hinreichende Arbeit geben, bei welcher man bald den richtigen Maßstab für das Tempo einer Reichs=Fabrik=Enquête finden wird.

Also Specialisirung der Untersuchung.

Ein zweiter Punkt ist die richtige Combination von Statistik, von schriftlichem und mündlichem Verfahren.

Jedes hat seine eigene Aufgabe und man sollte annehmen, daß ein praktischer Sinn, der mitten in den Geschäften steht, dies selber leicht am besten herausfinden könnte. Aber die Wichtigkeit des mündlichen Verfahrens kann bei uns, wo so viel geschrieben wird, nicht genug in den Vordergrund gerückt werden. Und man hat Einwände dagegen gemacht, welche nicht gegen das Wesen, sondern nur gegen einzelne, übrigens selten vorkommende Modalitäten gerichtet sind, so gegen das Kreuzverhör. Ein Kreuzverhör in der Weise, wie man es im Strafverfahren mit Angeklagten und Zeugen vornimmt, findet bei den als Muster angerufenen Englischen Untersuchungen in der Regel gar nicht statt. In Wirklichkeit ist es nur ein ideelles Kreuzverhör, nicht ein körperliches. Das heißt: die Gegenüberstellung der verschiedenen Interessen und Ansichten findet nicht in der Art statt, daß die Zeugen im selben Verhör einander gegenübergestellt werden; sondern die nacheinander verhörten Zeugen, welche theils als Zuhörer, theils als Leser Kenntniß von den andern Zeugnissen erhalten haben, werden mit der Aussage, nicht mit dem Aussagenden, confrontirt.

Indessen auch ein in der That vorkommender Mißbrauch des mündlichen Verfahrens, unter Umständen wo es nicht hingehört, beweist gar nichts gegen seine sonstige Zweckmäßigkeit. So mag es richtig sein, daß die neuliche Königl. Commission über Vivisection ein mündliches Verhör da veranstaltet hat, wo es lediglich auf technische Gutachten von Fachmännern ankam, die in Deutschland jedenfalls und vernünftigerweise schriftlich verlangt worden wären[1]). Aber dieser Mißbrauch beweist nichts gegen das Verfahren selber, zumal da in einem Falle, wie dem angeführten, andersartige materielle Anschauungen der Commission den entscheidenden Einfluß ausgeübt haben.

Was den Kern des mündlichen Verfahrens bildet, ist 1) der einfache Grundsatz, daß man objective Wahrheit nicht von dem interessirten Theile erwartet, 2) daß, selbst die Objectivität vorausgesetzt und selbst da, wo sie regelmäßig vorhanden ist (wie bei den verhörten Beamten, Geistlichen, Aerzten u. s. w.),

---

[1]) Vergl. L. Hermann, Die Vivisections=Frage, Leipzig. 1876. Der Verfasser sagt S. 34 vollkommen mit Recht, daß es „jedenfalls richtiger gewesen wäre, von Fachmännern und Körperschaften wohl erwogene schriftliche Gutachten einzufordern: bei uns würde man hoffentlich so verfahren."

der lebendige Austausch der Ansichten im mündlichen Zwiegespräch eine oft nothwendige Ergänzung der schriftlichen Gutachten ist.

In ersterer Hinsicht bedarf es keiner längeren Auseinandersetzung, daß in einem Zeitalter, wo das „nisi admodum mentiantur" halbwegs zum moralischen Standard of life des Erwerbslebens gehört[1]), es eine naive Zumuthung an die Gewerbtreibenden ist, die Wahrheit auf dem für die Unwahrheit so bequemen Wege der schriftlichen Umfrage über Dinge zu äußern, worüber die Wahrheit zu sagen, wider das Interesse des Gefragten ist. Ja selbst ohne die Absicht der Unwahrheit wird leicht die gutgläubige Befangenheit in dem einseitigen Privatinteresse den Antworten eine Gestalt geben, die sie für ein Bild der Wahrheit unbrauchbar macht. Nicht wie ein verhörender Beamter bei der letzten Reichs-Enquête zu einem Arbeiter gesagt haben soll „wir sind nicht hier, uns zu belehren" — im Gegentheil, beide Theile sollen im Verhör recht viel von einander lernen. Das ist aber nur mündlich möglich: vorausgesetzt, daß beide Theile so beschaffen sind, im Verhör von einander etwas lernen zu können.

Und ebenso bedarf es einer ergänzenden mündlichen Belehrung neben den schriftlichen Gutachten, oder in erster Reihe eines mündlichen Verhörs, selbst bei den durch ihre Stellung zur Sache objectiv Urtheilenden. Vor der letzten Königl. Commission über die Fabrikgesetze behufs deren Consolidation (1875) haben vor allen andern die leitenden Fabrik-Inspectoren ein ausgedehntes, mündliches Verhör bestanden. Dasselbe ist aber noch viel mehr angezeigt solchen Leuten gegenüber, welche dem Gegenstande der Untersuchung nicht durch ihre ganze öffentliche Stellung, sondern nur gelegentlich und theilweise ein Interesse zugewendet haben. Sie irren sich, ohne es zu wollen, oder sie drücken sich schriftlich unvollkommen aus, oder es ist überhaupt sehr schwer, über alle Dinge, die man wissen will, schriftlich sich zureichend zu äußern. Die meisten Menschen sind nicht im schriftlichen Ausdruck für dergleichen Zwecke geübt, und selbst bei denjenigen, die es sind, wird es selten gelingen[2]), ein ebenso lebenswahres Bild socialer Zustände auf schriftlichem Wege zu erlangen wie auf mündlichem. Der mündliche Ausdruck ist das einfachste, natürlichste für alle Menschen: ein treues Bild kann durch ihn nur gewonnen werden.

Dies jedoch soll den Nutzen der schriftlichen Aeußerungen, sei es aus freier Initiative, sei es auf schematische Fragen, nicht im mindesten hintansetzen. Man soll sich des schriftlichen Verfahrens bedienen, man soll die Leute vor dem Verhöre oder nach dem Verhöre sich schriftlich äußern lassen, wie sie wollen und können. Nur die Controle der Mündlichkeit soll nicht fehlen. Sie sollen Rede stehn für das, was sie geschrieben haben.

Niemals allerdings wird man die Leute zur Wahrheit zwingen können, selbst wenn man sie für Verweigerung des Zeugnisses straft und wenn man

---

[1]) Von neueren Zeugnissen verweise ich auf die Schrift von D. Syme, Outlines of an industrial science, London, 1876.

[2]) Die Trägheit schon ist bei schriftlichen Umfragen weit mehr im Wege, als bei mündlichen Verhören; z. B. über das dürftige Ergebniß der Enquête des mittelrheinischen Fabrikantenvereins über den Sachlohn der Arbeiter, Concordia, 21. August 1875, es sei „über alle Erwartung dürftig und ungenügend".

(wie es letzthin wider den Brauch der letzten Jahrzehnte in England bei der Untersuchung über die auswärtigen Anleihen geschehen ist) die Vereidigung der Zeugen einführt. Aber in der Mehrzahl der Fälle besteht ein hauptsächliches Mittel zur Erlangung der Wahrheit in der geschickten Verbindung und Confrontation entgegengesetzter Interessen und Meinungen, sofern dies nur in lebendiger Wechselrede und mit der nöthigen Uebung geschieht. Ein sachkundiger Fragesteller versteht aus dem lediglich das eigene Interesse vertretenden Zeugen eine Wahrheit herauszulocken, die objectiver ist als jene einseitige Ansicht der Dinge es versteht.

Eigenthümliche Schwierigkeiten entstehen da, wo man auf die berechtigte Scheu abhängiger Personen, zumal bei Untersuchungen über Kinderarbeit, Rücksicht zu nehmen hat, wo man aus diesem Grunde auf mangelhafte oder falsche Aussagen gefaßt sein muß. Unter solchen Umständen mit Härte vorzugehen wird sich nicht empfehlen, und um so mehr wird es auf den glücklichen Tact verständiger Commissäre ankommen, die mit der Untersuchung betraut sind. Gerade für solche Aufgaben ist das in den Englischen Blaubüchern Mitgetheilte als lehrreiche Erfahrung zu verwerthen [1]).

Je abhängiger, unerwachsener, kümmerlicher die Arbeiter selber sind, desto mehr wird man überhaupt zur Ergänzung ihrer Aussagen auf andere Quellen angewiesen sein. In den ekelhaftesten, gesundheitsgefährlichsten Werkstätten erklärten nach jahrelanger Beschäftigung junge Arbeiterinnen bei der Englischen Untersuchung über die Kinderarbeit (1863), sie fühlten sich „ganz wohl". Aussagen, von welchen man nicht wußte, ob man sie mehr der Scheu vor der Wahrheit oder dem Unverstande zuschreiben sollte [2]).

Von der anderen Seite folgt mit um so größerer Kraft, daß die Untersuchung ein allseitiges Bild der Thatsachen zu schaffen bestrebt sein sollte. Jedes Interesse, jede Anschauung, jede Klage und jeder Wunsch nach Abhülfe sollte in diesem Bilde sich wiederfinden. Denn mit allen Ziffern und allen Rubriken kann man zuletzt nur das Knochengerüst einer Darstellung der wirklichen socialen Welt erlangen: das warme Leben selber, die Wahrheit darüber, wie es den Leuten zu Muthe ist, welche Gesammtwirkung die äußeren Momente für das Wohlbefinden der Menschen ausüben, wie es in ihrem Herzen aussieht, — um das zu erfahren, dazu muß man sie reden lassen und muß Jeden reden lassen, der sich dazu getrieben fühlt.

Eine solche Untersuchung soll ein Tribunal sein, vor welches alle Parteien mit ihren Anliegen geladen werden. Und in dem Maße als diese Auffassung sich verbreitet, wird man Vertrauen fassen zu dem Ernste der Absichten einer solchen Untersuchung.

Es fehlt auch in England viel daran, daß dies Ideal immer oder selbst

---

[1]) Vgl. z. B. 2. Report Child. Empl. Comm. 1864, p. 69, wo sich der Beamte über sein Verfahren näher ausläßt.
[2]) Vgl. den angeführten Report S. 188: „medical evidence". Es heißt dort, nur in einem einzigen Falle seien die üblichen Aussagen „gesund" oder „ganz wohl" bei genauerer Prüfung bestätigt worden. Auch 1. Report 1863, Appendix, S. 44—49.

in den meisten Fällen erreicht werde[1]), aber man ist dort solchem Ziele weit näher als bei uns. Und daß die socialen Beschwerden dort sich nicht mehr in dem Tone unserer socialdemokratischen oder socialconservativen Presse laut machen, hängt, zum Theile wenigstens, damit zusammen, daß viele dieser Beschwerden jene Tribunale gefunden haben, um sich in zweckgemäßerer Form zu äußern.

Je weniger die interessirten Theile leider durch ihr Alter, ihre Stellung befähigt sind, selber für sich einzutreten, um so größeren Spielraum sollte man ihren Vertretern lassen, den Geistlichen, Lehrern, Aerzten, gemeinnützigen Männern u. dgl. Diese sind die regelmäßigen Anknüpfungspunkte gewesen bei den Englischen Untersuchungen über die Kinderarbeit an Ort und Stelle[2]). Ja von ihnen ist relativ das reichhaltigste Material für das Verfahren geliefert.

Wie das Land des Selfgovernment, durch die Zweckmäßigkeit veranlaßt, den centralistischen Behördenapparat der Fabrikinspection, Gesundheitsinspection, Bergwerksinspection u. s. w. als ein Muster für das büreaukratische Festland entwickelt hat, so sind auch die Englischen Enquêten, wohl nicht ohne Zusammenhang mit jener Entwickelung, in centralistischer Weise organisirt worden. Freilich mit mancherlei Variationen. Aber man scheint sich niemals damit begnügt zu haben ein einheitliches Formular zu entwerfen und dessen Schicksal den localen Behörden zu überlassen; sondern man hat in der einen oder der anderen Weise einen lebendigen Zusammenhang zwischen der die Untersuchung führenden Commission und den zu untersuchenden Thatsachen hergestellt. Bei den beiden großen Untersuchungen über die Kinderarbeit (1840 ff. und 1863 ff.), bei welchen es in erster Reihe darauf ankam, die Kinder in ihrer Umgebung, bei ihrer Arbeit, zu sehen[3]), wurden Assistant-Commissioners ernannt, die je bestimmte Districte oder Industriezweige zum Gegenstande ihrer Nachforschung angewiesen erhielten. Ein Verfahren ähnlich demjenigen der ständigen Fabrik-Inspection, mit dem Unterschiede, daß hier der einzelne Inspector auf die ihm vorgeschriebenen Fragen die Materialien zu sammeln und diese sammt einem zusammenfassenden Berichte der Central-Commission in London einzusenden hatte. Man scheint hierbei, indem man die eigentliche Untersuchung in die Hand je eines einzelnen Mannes legte, dessen Befähigung und Sachkenntniß viel zugemuthet zu haben. Und natürlich hängt hiervon das Meiste für die Brauchbarkeit des Materials ab. Ob aber diese Knappheit zweckmäßig, vollends bei minder geübtem Beamtenpersonale rathsam ist, bleibt dahingestellt. Als das Local Government Board im Jahre 1873, veranlaßt durch Anträge auf Reduction der Stundenzahl in den Textilgewerben, eine Specialcommission in die Bezirke dieser Industrie entsandte, setzte man zwei Männer in dieselbe, von denen einer ein Arzt war.

---

[1]) Neben Manchem, was ich in meinem oben angeführten Aufsatze erwähnt habe, führe ich z. B. aus der Times vom 25. Februar 1875 an, wie die medicinische Fachpresse die Einseitigkeit des Ausschusses über die Verfälschung von Nahrungsmitteln vom Jahre 1874—1875 tabelte, die den Fabrikanten gar zu günstig gewesen.

[2]) Instruction für die Local-Commissäre Seitens der Commission. 1. Report Child. Empl. 1863, p. 337 ff., im Anschlusse an die Instruction der älteren Commission vom Jahre 1840—1841.

[3]) In der Instruction von 1840—1841, welche 1863 wiederholt wurde an die Local-Commissäre, heißt es: „es ist vor Allem wichtig, daß sie die Kinder sehen" (1. Report 1863, S. 337).

Letzthin aber, bei der Untersuchung behufs Consolidation der Fabrikgesetze (1875), begab sich die Central-Commission selber (zusammengesetzt aus sieben Personen) an Ort und Stelle. Sie begann[1]) mit dem Zeugenverhör in London, und ging darauf in die Provinzen, nachdem sie durch Rundschreiben an die Handelskammern und sonstige mehrere hundert Personen, die ihr von den Fabrikinspectoren bezeichnet worden waren, sowie durch Verbreitung entsprechender Mittheilungen in den Zeitungen ihr Kommen vorbereitet hatte. Sie bereiste einen Industriebezirk nach dem anderen und verhörte die Zeugen in derselben Weise wie in London, indem sie für die Sitzungen jeweilen den passendsten Mittelpunkt des Bezirkes auswählte, zugleich mit dem Zwecke, die wichtigsten vorzulegenden Fragen durch Augenschein beurtheilen zu können.

Die Verbindung des Verhörs durch die Central-Commission in London mit dem Verhöre an Ort und Stelle durch Sub-Commission wurde bei der Untersuchung über die Trades-Unions 1867 ff., für zweckmäßig erachtet.

Also eine wechselnde Mannigfaltigkeit, — wechselnd, wie es scheint, theils nach der Natur des Gegenstandes, theils nach dem Befinden im besonderen Falle: aber ein Grundzug darin ist der, daß die Central-Commission entweder selber, in London oder außerhalb, oder durch die von sich aus entsandten Commissäre in den Provinzen, gewissermaßen als durch ihre Substituten die Thatsachen ermittelt.

Soll ich aus den englischen Vorgängen eine Nutzanwendung für Deutschland ziehen, so möchte ich sagen, man soll den localen Behörden nicht zu viel überlassen, sich ihrer vielmehr als Berather denn als eigentlich ausführender Organe bedienen, und man soll womöglich durch eine Central-Commission, welche nach gehöriger Vorbereitung von Ort zu Ort reist, die Untersuchung vornehmen. Um so besser allerdings, wenn dieselbe sich an ständige, ihren Zwecken dienstbare, locale Behörden anlehnen kann — welche aber in den vorhandenen Behörden wohl nicht immer zu finden sind.

Was das nun aber für Männer sein sollen, welche in solche Commissionen gesetzt werden, welche Rücksichten bundesstaatlicher, büreaukratischer, parlamentarischer Natur bei Bildung derselben zu nehmen sein würden, darüber versage ich mir das Urtheil.

Ein vierter Punkt, welchen ich hervorheben möchte, ist die Aufzeichnung und Veröffentlichung der Materialien, welche durch die Untersuchung ermittelt werden.

Es sollte jedes gesprochene Wort stenographisch fixirt werden, Frage und Antwort. Wo Rücksichten zu nehmen sind, wird immer manches verschwiegen werden müssen. Aber unabhängig davon ist 1) für die Verbesserung der Untersuchung selber, 2) für die Verbreitung der durch sie ermittelten Thatsachen, eine alsbaldige Veröffentlichung des Stoffes zweckmäßig.

Die Untersuchung erreicht ihren Zweck in höherem Maße dadurch, daß, wie in England, unmittelbar nach dem Verhör der einzelnen Tage, sei es officiell, sei es durch die Stenographen der Zeitungen, Fragen und Aussagen wörtlich veröffentlicht werden. Die Presse wird in dieser Richtung soweit begünstigt, daß

---

[1]) Report 1876, S. IX.

gelegentlich sogar amtliche Documente aus der Hand der Commission noch während des Verfahrens in die Zeitungsredactionen zur Benutzung ausgeliehen werden [1]).

In den Zeitungen lesen es vor Allem die persönlich bei dem Gegenstande Interessirten; diese werden angeregt, ihrerseits zum Zeugniß sich zu melden, in dem Maße als sie zu widersprechen oder zu ergänzen haben. Bei den Parlamentsausschüssen herrscht außerdem der Grundsatz der Oeffentlichkeit des Verfahrens, bei den Königl. Commissionen ist auch in dieser Hinsicht die Form schwankend.

Ist die Untersuchung beendigt oder ist ein erhebliches Stück des gesuchten Materials beisammen, so wird ausnahmslos nach englischer Gewohnheit der ganze Stoff — Instructionen, Berichte, Aussagen, Schriftstücke, Circulare, Statistik u. s. w. — amtlich gedruckt und nicht nur allen Mitgliedern der beiden Häuser des Parlaments, sondern (gegen einen geringen Preis) auch jedem Käufer zugänglich gemacht. Was sich in Deutschland Reichs- und Staatsbehörden dabei denken, wenn sie derartige Materialien als „confidentiell" behandeln, ist mir bisher dunkel geblieben. Auch die andere Frage vermag ich nicht zu beantworten, ob es weise ist, wenn schon einmal etwas publicirt wird, den Preis dafür so hoch zu setzen, daß von deren Ankauf diejenigen am meisten abgeschreckt werden, welchen jene Materialien am meisten zugänglich gemacht werden sollten. Von der Achtung und Freundlichkeit, mit welcher man, im Gegensatze zu dem Lande der Wissenschaft, im banausischen Auslande, in der Schweiz, in England, in Frankreich derartige Publicationen der Wissenschaft und zwar den einzelnen Gelehrten dienstbar macht, will ich hier gar nicht reden. Ich verweise statt dessen auf einen Aufsatz des verewigten Rob. v. Mohl im dritten Bande seiner Monographien über Staatsrecht, Völkerrecht und Politik.

Aber das sind alles Dinge, die sich ändern, wenn man sich überzeugt, daß sie anders werden müssen. Nur muß man einsehen, daß wir darin jämmerlich hinter dem Auslande zurück sind.

Schließlich sei der Wunsch gestattet, daß von Amtswegen, sei es in den vorhandenen Central- oder Local-Behörden, sei es in neu zu schaffenden Behörden, geeignete Kräfte gefunden werden, welche im Interesse der öffentlichen Verbreitung der Ergebnisse solcher Untersuchungen ein objectives Bild des gewonnenen Stoffes entwerfen. Es wird dessen bedürfen, weil es unvermeidlich ist, daß die originalen Materialien, wenn sie einigermaßen tief gehen, einen Umfang annehmen, der weit über die Neigung und das Verdauungsvermögen der Mehrzahl, selbst der eigentlich politisirenden und am öffentlichen Leben theilnehmenden Persönlichkeiten, hinausgeht. Männer von wissenschaftlicher Fachbildung und zwar von einer solchen, welche die betreffende Frage und ihre Literatur theoretisch beherrscht, werden dazu freilich erforderlich sein. Das heißt, die Anforderung würde über das Niveau des heutigen höheren Beamtenthums doch wohl hinausgehen müssen;

---

[1]) Ein Fall der Art vor dem Ausschusse über die auswärtigen Anleihen 1875, vgl. das Blaubuch darüber, Report of Proceedings.

auch unter Denen, welche literarisches Streben bekunden, wird nur ausnahms=
weise jene Anforderung erreicht ¹).

Am bequemsten ist es freilich, wenn eigentliche Fachgelehrte aus freier
Neigung solcher Arbeit sich unterziehen. Aber darauf kann man nicht rechnen,
und in England wenigstens harrt weitaus der größte Theil jenes Materials
noch der verarbeitenden Hand: nur einen Theil davon haben die zusammenfassenden
Commissionsberichte jeder Untersuchung bisher geleistet. „Die Parlamentspapiere
und Debatten, welche das gesetzgeberische Material enthalten, überschreiten in
manchem Jahre schon den Umfang von hundert Folio=Bänden. In diesem
wenig einladenden Chaos ist der staatsrechtliche und volkswirthschaftliche, der
historische und systematische Zusammenhang erst zu schaffen" ²).

Hier wäre eine schöne, wahrhaft des Deutschen Reiches würdige, Aufgabe
für die Entwickelung seines statistischen Amtes zu einer großartigen, fachmäßig
gegliederten, nicht blos sammelnden, sondern auch wissenschaftlich verarbeitenden
Centralbehörde gegeben.

Fluntern=Zürich, 5. März 1877.

---

¹) Eine recht achtbare, wenn auch hinter wissenschaftlichen Ansprüchen zurück=
bleibende Arbeit, welche sich an die letzte Reichs=Eisenbahntarif=Enquête (1875) an=
schließt, ist die kürzlich erschienene „Die Differential=Tarife der Eisenbahnen nach amt=
lichen Quellen", von Fritz Krönig, Reg.=Assessor u. s. w. Berlin 1877.

²) Gneist, Selfgovernment, 3. Aufl., 1871. Vorrede p. V.

Das Enquête-Wesen in Frankreich.

Von

Wilhelm Stieda, Privatdocenten in Straßburg i. E.

Nicht mit Unrecht pflegt man in Deutschland für viele Fragen der nationalökonomischen Gesetzgebung sich lieber an das Beispiel Englands zu halten, als an das Frankreichs. Letzteres hat freilich eine Reihe von Einrichtungen, die für uns immerhin als nachahmungswerthe bezeichnet werden können; aber es ist eben doch nicht zu leugnen, daß wir es in England mit Originalen zu thun haben, während in anderen Ländern Copieen — und oft nicht die besten — uns entgegentreten. Am schärfsten gilt dies vielleicht von dem Verfahren zur Ermittelung „der socialen Zustände um uns". Der Abstand zwischen Frankreich und England zeigt gerade in diesem Punkte recht grell, wohin es führt, wenn an sich richtige Ideen übernommen werden, ohne daß für die entsprechende Handhabung derselben die nöthige Gewähr geleistet ist. Das Urtheil über die französischen Enquêten ist durchweg ein abfälliges. Noch jüngst schrieb mir ein verehrter Fachgenosse, Professor Brentano, daß er die französische Enquête für einen büreaufratisch verunstalteten Abklatsch des englischen Vorbildes halte. Ebenso hart äußert sich Gustav Cohn, denn er behauptet, daß es bei französischen Enquêten bisweilen ausgesehen habe, als suche man die Erreichung des englischen Musters vornehmlich in der Zusammenstellung dicker Foliobände, welche Niemand liest (Hildebrand's Jahrbücher, XXV, 3). Durch ein bedauernswerthes Mißverständniß — sagt er an einer anderen Stelle (S. 24, 26) — haben die Enquêten des Festlandes auf die Seite das Hauptgewicht gelegt, welche man in England als eine nebensächliche auffasse, d. h. die Franzosen pflegen als „Enquête" den Versuch der Einziehung von Daten auf dem schriftlichen Wege anzusehen. Hiergegen hat Maurice Block nun freilich schon eingewandt, daß das mündliche Verhör keineswegs in Frankreich vernachlässigt werde (Journal des Economistes 1876 I. S. 108); aber wenn man auch zugeben muß, daß Cohn in seiner Geringschätzung zu weit gegangen ist, so kann darum Block's Rechtfertigung doch nicht als ganz gelungen betrachtet werden. Wie dem auch sei — gewiß hat es unter diesen Umständen, zumal wir in Deutschland zu einem festen System in der Erhebungsweise socialer Thatsachen noch nicht durchgedrungen sind, Interesse, eine eingehendere Schilderung des französischen Verfahrens zu versuchen. Die nachfolgenden Blätter sind diesem Zwecke bestimmt.

Ich muß hier noch vorausschicken, daß ich bei dieser Beschreibung fast ausschließlich auf die eigene Anschauung angewiesen gewesen bin, welche ich aus dem Studium französischer Enquêten-Werke gewonnen. Bei keinem einzigen französischen Schriftsteller habe ich eine Darstellung des Verfahrens zu ermitteln vermocht. Die bekannten „Abrisse der Statistik" von Dufour, Moreau de Jonnès, Guillard u. A. erwähnen auch nicht mit einer Sylbe der Enquête, während zweifellos die Schilderung derselben in einer Theorie der Statistik zunächst ihren Platz finden müßte. Nur in dem „Dictionnaire de l'économie politique" und in dem „Dictionnaire de l'administration française" haben Horace Say und Smith diesem Gegenstande Beachtung geschenkt, in Artikeln aber, die nach der Natur der Unternehmung, welcher sie angehören, kurz gefaßt sein mußten. Von deutschen Aufsätzen kenne ich nur die, welche Fallati vor dreißig Jahren in der „Tübinger Zeitschrift für die gesammte Staatswissenschaft" (Band III, S. 496 ff. und S. 724 u. ff.) veröffentlicht hat. Der französischen Enquête werden hier gerade zwei Seiten gewidmet. Somit bin ich genöthigt, da ich der Ausführung einer Enquête in Frankreich nicht beigewohnt habe, im Vorhinein zuzugeben, daß meine Darstellung an einzelnen Punkten möglicherweise das Richtige nicht getroffen hat.

Der Begriff der „Enquête" ist in Frankreich ein mehrseitiger. Man spricht von Enquêten in der Rechtspflege, wo es sich im Civilproceß um die Feststellung von Thatsachen handelt, die von der einen Partei geleugnet werden. Sowohl der Friedensrichter, als die Gerichtshöfe können die Vornahme solcher Enquêten anordnen. Wenn ein Unglücksfall sich ereignet hat, ein gewaltsamer Tod (mort violente) vorgekommen ist, wird zur Feststellung der Thatsache und womöglich der sie veranlaßt habenden Gründe eine Enquête in Scene gesetzt. Der Titel XII der Proceß-Ordnung des „Code civil" schreibt das bei derselben einzuhaltende Verfahren vor. Das Verhör von Zeugen im Criminalproceß gilt nie für eine Enquête. Ebenso wenig pflegt man die Erkundigungen, welche das Ministerium oder die Richter einziehen, um eine Versetzung in den Anklagezustand bewerkstelligen zu können, eine Enquête zu nennen.

Weiter führen alle diejenigen Erhebungen, welche zu Verwaltungszwecken veranstaltet werden, den Namen „Enquête". Eine solche Enquête ist z. B. bei Expropriationen vorgeschrieben. Artikel 3 des Gesetzes vom 3. Mai 1841 handelt davon. Er lautet:

„Alle großen, öffentlichen Arbeiten, königlichen Straßen, Canäle, Eisenbahnen, Canalisirungen von Flüssen, Bassins und Docks, welche der Staat, die Departements, Gemeinden oder Privatgesellschaften übernehmen, mit und ohne Wegegelder, mit und ohne Beisteuer des Staatsschatzes, mit und ohne Veräußerung von Gütern der Krone, können nur nach Erlaß eines Gesetzes ausgeführt werden, dem eine Verwaltungs-Enquête vorhergehen muß."

„Eine Königliche Verordnung genügt, um die Ausführung von Departements-Straßen, von Canälen und Zweigbahnen in einer Länge von 20,000 Metern, von Brücken und allen anderen Arbeiten geringerer Wichtigkeit zu veranlassen. Auch dieser Verordnung muß gleicherweise eine Enquête vorangegangen sein."

Tous grands travaux publics, routes royales, canaux, chemins de fer, canalisations de rivières, bassins et docks, entrepris par l'État, les departements, les communes, ou par des compagnies particulières, avec ou sans péages, avec ou sans subsides du trésor, avec ou sans aliénation du domaine public, ne pourront être exécutés qu'en vertu d'une loi, qui ne sera rendue qu'après une enquête administrative. Une ordonnance royale suffira pour autoriser l'exécution des routes departementales, celle des canaux et chemins de fer d'embranchement de vingt mille mètres de longueur, des ponts et de tous autres travaux de moindre importance. Cette ordonnance devra également être précédée d'une enquête.

Diese Enquêten bezeichnet man als Verwaltungs-Enquêten „de commodo et incommodo". Das Verfahren ist nicht immer das gleiche. Für viele Gegenstände, z. B. die Flußfischerei, die Errichtung von Capellen in den Gemeinden u. A., ist die Verwaltung befugt, je nach den Umständen durch ein Reglement das Verfahren zu bestimmen; in einzelnen Fällen, z. B. bei der Aufstellung von Dampfmaschinen, der Austrocknung von Sümpfen u. A., sind positive Regeln vorhanden, auf die hier näher einzugehen kein Interesse haben kann. Im Wesentlichen besteht eine solche Administrativ-Enquête darin, daß die Lösung der Aufgabe angestrebt wird durch Berathschlagung mit den zuständigen Körperschaften, durch mündliche Vernehmung urtheilsfähiger Personen oder durch schriftliche Gutachten derselben. Bisweilen bezieht sich eine solche Enquête auf die Führung eines Beamten oder auf die Art der Leitung einer öffentlichen Anstalt. In diesem Falle ruft der mit der Vollziehung betraute Beamte die betreffenden Personen, deren Zeugnisse ihm werthvoll erscheinen, zusammen und läßt über ihre Aussagen ein Protocoll aufnehmen.

Eine dritte Gruppe von Enquêten bilden die in Rücksicht auf die wirthschaftliche Gesetzgebung veranstalteten. Es sind diejenigen, denen die Aufmerksamkeit der National-Oekonomen sich zugewandt hat. Ueber ihre Wichtigkeit hat man kaum ein Wort zu verlieren nöthig. Es scheint unanfechtbar, daß die erfolgreiche Wirksamkeit irgend eines Gesetzes nur dann gehofft werden kann, wenn alle maßgebenden Umstände vorher einer sorgfältigen Betrachtung unterzogen wurden. Jedes wirthschaftliche Gesetz soll so beschaffen sein, daß der Ausführung keine unvorhergesehenen Hindernisse in den Weg treten können. Diese Abrundung aber kann ihm kaum anders gegeben werden, als wenn man durch Beobachtung des thatsächlich Vorhandenen und durch gutachtliche Aeußerungen mit den Verhältnissen vertrauter Persönlichkeiten über die Leistungsfähigkeit der zu erlassenden Norm sich zu vergewissern sucht. Gerade beim Eingreifen der Staatsgewalt in die wirthschaftliche Sphäre des Einzelnen, bei Verfügungen, welche die Erwerbsfreiheit der Einzelnen im Interesse Aller einschränken, ist es durchaus erforderlich, daß man nicht von vorgefaßten Meinungen ausgeht, sondern der geschichtlichen Entwickelung, welche die Dinge gewonnen haben, folgend, nur die Richtung angiebt, die der Strom nehmen soll, nicht in den Werde-Proceß willkürlich einschneidet. Man wird niemals Gesetze, welche für die Wirthschaft des einen Landes ersprießlich gewesen sind, ohne Weiteres auf ein Anderes übertragen können, ohne daß die Folgen einer voreiligen Handlungsweise sich empfindlich zeigen. Die Aufdeckung der Uebelstände, welche einem gesetzlosen Stadium anhaften, muß erfolgen, bevor an Abhülfe gedacht werden kann: nicht zwar in der Weise, wie die öffentliche Meinung sie sich vorstellt, sondern indem man ermittelt, wie die voraussichtlichen oder eingetretenen Gefahren sich in den Köpfen einiger vorurtheilsfreier Männer widerspiegeln, wie die verschiedenen Classen der Gesellschaft sich zur Nothwendigkeit der Reformen verhalten. Erhebungen, welche dies feststellen sollen, können gedeihlich allerdings nur in Ländern durchgeführt werden, welche eine große politische Freiheit genießen. Alles kommt darauf an, die zur Vernehmung geeigneten Personen zu finden. Alles ist davon abhängig, ob diese ihrer hohen Aufgabe sich bewußt, mit rücksichtsloser Ausführlichkeit sich derselben entledigen, oder ob die Furcht vor etwaigen Maßregelungen ihren Mund geschlossen hält. Das Gleiche gilt von der Zusammensetzung des Ausschusses, welcher mit der Erhebung betraut ist. Man wird in Betracht ziehen müssen, welchen Kreisen die Mitglieder entnommen sind, weil nur kenntnißreiche Sachverständige die vor ihnen abgelegten falschen Aussagen zurückweisen und durch geschickte Fragestellung die rechte Klarheit gewinnen lassen können.

Es ist bekannt, daß England das einzige Land ist, in welchem bis jetzt diese amtlichen Erhebungen in mustergiltiger Weise veranstaltet werden. Seit der Mitte des vorigen Jahrhunderts, bald auf Wunsch des Parlamentes, bald auf Befehl der Regierung, üblich, haben sie für das wirthschaftliche Leben Englands heute eine Bedeutung erhalten, die sie allen anderen Staaten zum Vorbilde macht. Frankreich hat sehr viel später als England diesen Weg zur Kenntnißnahme seiner wirthschaftlichen und socialen Zustände eingeschlagen. Seine ersten Enquêten stammen aus dem Jahre 1828: es sind die über die Zucker- und Eisenfrage. Der Anfang, der hier gemacht wurde, war ein vielversprechender. Auf Anregung von St. Cricq, dem damaligen Minister des Handels und der Manufacturen, war mit königlicher Genehmigung ein besonderer Ausschuß zur Prüfung gewisser Fragen der Handelsgesetzgebung gebildet worden (pour l'examen de certaines questions de législation commerciale). Schon bei diesen Enquêten legte man nicht sowohl Gewicht auf mündliches Verhör, sondern man suchte auch durch eine Beigabe officiell gesammelten Materials das Studium der Fragen zu erleichtern. Die Publication über die Eisen-Enquête z. B. enthielt acht ausführliche Tabellen, welche Angaben über die Production von Eisen und Steinkohlen in Frankreich, über die Zolltarife für diese Gegenstände, über die Aus- und Einfuhr von Gußeisen und anderem Eisen in Frankreich, über die Zölle und Handelsverhältnisse in England und den Vereinigten Staaten, über die Eisen-Preise von 1816—1828 u. s. w. aufwiesen. Die Anzahl der mündlich vernommenen Personen war nicht sehr stark: für die Zuckerfrage wurden 16, für die Eisenfrage 28 verhört. Die Aussagen, meist in kurzen Antworten bestehend, wurden wörtlich niedergeschrieben. In der Form von Frage und Antwort sind sie auch veröffentlicht worden. Zu längeren Vorträgen entschlossen sich die Zeugen selten. Ein Fragebogen war nur bei der Eisen-Enquête entworfen. Bei der Zucker-Enquête waren die vorgelegten Fragen verschiedene je nach Bedürfniß und Umständen. Die zu vernehmenden Zeugen wurden von dem Ausschusse selbst bezeichnet, der zunächst an die Handelskammern die Aufforderung ergehen ließ, eines ihrer Mitglieder zum Verhör zu schicken, sodann aber auch z. B. bei der Eisen-Enquête sich die Zeugen aus den Kreisen der Eisenproducenten, Schmiedemeister, Waldeigenthümer, Eisenhändler, Maschinenfabrikanten, Landwirthe und Steinkohlengruben=Besitzer wählte. Die Verhöre wurden schnell beendet. Sie dauerten bei der Eisen=Enquête vier Wochen, vom 20. November bis 23. December 1828. Die Ergebnisse der Enquêten wurden jedes Mal in einem Berichte von einem der Ausschußmitglieder zusammengefaßt. Der Graf d'Argout, dem diese Aufgabe bei der Zucker=Enquête zufiel, bemerkt ausdrücklich, daß dies nothwendig wäre, da die Aussagen selbst der aufrichtigsten Männer häufig von Täuschungen und Irrthümern beeinflußt seien, mithin von Unbefangenen der richtige Eindruck schwer gewonnen werden könne.

Schon die nächste Enquête, welche im Jahre 1834 über die Nothwendigkeit von Prohibitions=Zöllen bei gewissen Artikeln veranstaltet wurde (enquête relative à diverses prohibitions etablies à l'entrée des produits étrangers), zeigte indeß ein wesentlich anderes Bild, dessen Grundfarben dann leider für die Mehrzahl der folgenden Enquêten beibehalten wurden. Von nun ab ist es eine ständige Behörde, welche die Leitung der Erhebungen in die Hand nimmt. Der Obere Rath beim Handelsministerium (le conseil supérieur du commerce), durch Verordnung vom 29. April 1831 mit neuen Machtvollkommenheiten ausgestattet, erhielt den Auftrag, für die Ausführung Sorge zu tragen. Seitens des Handelsministeriums erging ein Circular an die Mitglieder der Handelskammern und berathenden Gewerbekammern, ihre Meinung schriftlich einzusenden. Das Material dieser Enquête wurde in der That vorzugsweise auf schriftlichem Wege eingeholt. Eine Reihe von Tabellen über die Prohibitions=Zölle anderer Staaten eröffnet den Reigen dieser Mittheilungen. Es folgen gewöhnlich kurze, bisweilen ausführlich begründete Urtheile der Sachlage, die meistens nicht von einer einzelnen Person, sondern im Namen bestimmter Gesellschaftskreise abgegeben sind. So schicken die „négociants de Bordeaux" oder die „propriétaires de dignes de la Gironde" ihre Meinung ein. Ein anderes Mal unterzeichnen sechzehn Kaufleute, welche die „commission libre du commerce bordelais" bilden. Auch die Präfecten liefern ganz kurze Berichte über die Stimmungen, welche in Folge der unternommenen Enquête sich gezeigt haben. Gelegentlich sind auch Schreiben einzelner Personen mitgetheilt.

Das mündliche Verhör trat bei dieser Enquête sehr in den Hintergrund. Während bei der Beantwortung der Fragen nach den Prohibitions=Zöllen im Allgemeinen die schriftliche Collectiv=Mittheilung überwog, mehren sich bei den Special=Fragen nach der Prohibition einzelner Gegenstände, wie Töpferwaaren, Wollengespinnste, Glaswaaren u. s. w., die Individual=Aussagen. Indeß sind diese nicht immer in Frage und Antwort veröffentlicht, sondern auszugsweise in Schablonenform gruppirt worden. Den „observations tendant à la levée de la prohibition" stehen die „observations tendant au maintien de la prohibition" gegenüber. Wo die Aussagen direct veröffentlicht wurden, sind dieselben meist kurze.

Die Zahl der mündlich vernommenen Personen war nicht groß. Ueber die Prohibition von Töpferwaaren wurden acht Personen verhört neben zehn, die schriftlich ihre Meinung abgaben. Bei den Verhandlungen über Zölle auf Glaswaaren betrug die Zahl der am mündlichen Verhöre Theilnehmenden neun; an der schriftlichen Deposition betheiligten sich sechs. Größere Ausdehnung nahm das Verhör nur bei Erörterung der Zölle auf Wollen= und Baumwollen=Gespinnste und =Gewebe. Ueber diese Producte äußerten sich 72 Kaufleute und

Fabrikanten. Ganz unterdrückt war der schriftliche Verkehr auch hier nicht. Herr Nicolas Köchlin, der Präsident der Handelskammer in Mühlhausen, welcher für Handelsfreiheit eingetreten war, wurde z. B. von seiner Handelskammer heftig angegriffen, die ihn schriftlich zu widerlegen suchte.

Ein so wenig zweckentsprechendes Verfahren, wie das eben geschilderte, wurde freilich bei den anderen Enquêten nicht eingehalten. Man hat es mannigfach geändert; das mündliche Verhör ist mehr in seine Rechte getreten, aber der Grundzug, wie er uns in der Enquête von 1834 entgegentritt, ist derselbe geblieben. Was im Jahre 1828 einen so guten Anfang genommen, war jetzt in wenig verheißende Bahnen gelenkt worden. Wenn auch in den letzten Jahren, übrigens gelegentlich schon in der Zwischenzeit, dieses System wieder aufgegeben wurde, zwei Hauptmängel hafteten der französischen Enquête doch an, die officielle Stellung des Vollzugs-Organs und die geringe Bedeutung des mündlichen Verhöres.

Die Enquêten werden in Frankreich zum allergrößten Theile von officiellen Behörden ausgeführt. Der Obere Rath beim Handelsministerium, dann, als durch kaiserliches Decret vom 2. Februar 1853 der Obere Rath für Handel, Ackerbau und Gewerbe (conseil supérieur du commerce, de l'agriculture et de l'industrie) ihn ersetzte, dieser, sowie der Staatsrath (conseil d'état) haben sich in der Uebernahme der Enquêten gegenseitig abgelöst. Wenn in der Kammer Regierung und Gesetzgebung über die Nothwendigkeit irgend einer Erhebung sich verständigt hatten, so theilte der Handelsminister es dem Oberen Rath mit und ernannte aus dessen Mitgliedern eine Untercommission, der die Leitung übertragen wurde. So beispielsweise in der Enquête über die Wollengespinnste im Jahre 1836 (enquête sur les fils de laine longue peignée tordus en cordonnet et grillés); so im Jahre 1838 bei der Enquête über leinene und hänfene Gespinnste und Gewebe (enquête sur les fils et les tissus de lin et de chanvre). Diese Ausschüsse bestanden aus wenig Personen; bei der letztgenannten Enquête z. B. aus sieben.

Bei anderen Enquêten war der Staatsrath diejenige Körperschaft, von welcher sie ausgingen. Nach dem Gesetze vom 3. März 1849 mußte der Staatsrath bei allen Gesetzentwürfen und Verwaltungs-Reglements um sein Urtheil angegangen werden. Die neue Verfassung, welche er am 25. Januar 1852 erhielt, änderte hieran nichts. Es ist natürlich, daß der Staatsrath sein Gutachten nicht abgeben will, ohne die nothwendigen Nachrichten eingezogen zu haben. Er thut dies, indem er gleichfalls aus seinen Mitgliedern einen besonderen Ausschuß mit dieser Aufgabe betraut. Indeß bedarf es zur Vornahme einer Enquête der Ermächtigung seitens der Regierung oder des Parlaments. Als im Jahre 1850 die Gesetzgebung die Genehmigung zu einer Enquête über den Credit des Grundbesitzes (enquête sur le crédit foncier) ertheilte, fügte sie hinzu, daß es sich um einen Belehrungsmodus handele, der vom Staatsrath vielfach zur Anwendung gebracht sei und immer die nützlichsten Ergebnisse erzielt habe. Vom Staatsrath wurden u. A. geleitet die Enquêten über die Eisenbahntarife im Jahre 1850 (enquête sur l'application des tarifs des chemins de fer), über den Getreide-, Mehl- und Brodhandel im Jahre 1859 (enquête sur la révision de la législation des céréales), über die verwahrlosten Kinder im Jahre 1860 (enquête générale ouverte en 1860 dans les 86 departe-

ments de l'empire sur le service des enfants assistés), über das Mäkler=
geschäft im Jahre 1864 (enquête sur le régime du courtage), über die
Wuchergesetze in demselben Jahre (enquête sur la législation relative au
taux de l'intérêt de l'argent), über das Salz im Jahre 1868 (enquête sur
les sels). Die Commissionen bestanden in allen diesen Fällen aus je sechs,
neun oder zwölf Mitgliedern.

Die Ueberhäufung des Staatsrathes mit Vorbereitungs=Arbeiten für die
Gesetzentwürfe, ja auch die Thatsache der mangelnden praktischen Kenntniß für
einzelne Fragen innerhalb desselben, hatte schon in den vierziger Jahren dazu
geführt, den Oberen Räthen der Industrie, des Ackerbaues und des Handels
größere Beachtung zu schenken und von ihnen Gutachten einzufordern (Fallati,
Tübinger Zeitschrift, Band III, S. 740). Ein kaiserliches Decret vom
2. Februar 1853 ließ an die Stelle der genannten den Oberen Rath für
Handel, Ackerbau und Industrie treten (conseil supérieur du commerce, de
l'agriculture et de l'industrie). Dieser Obere Rath nun ist bestimmt, seine
Meinung abzugeben „über alle Fragen, welche die Regierung für gut befinden
wird, ihm zu unterbreiten, besonders über die Gesetz=Entwürfe und Decrete
betreffend die Zolltarife, über die Entwürfe von Handels= und Schifffahrts=
Verträgen, über die Handels=Gesetzgebung der Colonien und in Algier, über das
Aufmunterungs=System für die großen Seefischereien und über die Fragen der
Colonisation und Auswanderung. Wenn Veranlassung zur Feststellung gewisser
Thatsachen gegeben wird, so kann der Obere Rath die Personen vernehmen,
von denen er Aufklärung erhalten zu können glaubt; er kann selbst, wenn es
nöthig sein sollte, mit Genehmigung des Ministers zur Inangriffnahme von
Enquêten schreiten („sur toutes les questions que le gouvernement jugera
à propos de lui renvoyer, notamment sur les projets de loi et de décret
concernant le tarif des douanes, sur les projets de traité de commerce
et de navigation, sur la législation commerciale des colonies et de
l'Algérie, sur le système des encouragements pour les grandes pêches
maritimes, sur les questions de colonisation et d'émigration. S'il y a
lieu de constater certains faits, le conseil supérieur pourra entendre les
personnes qu'il saura devoir l'éclairer, il pourra même, s'il en est besoin
procéder à des enquêtes avec l'autorisation du ministre). Dieser gesetz=
lichen Vorschrift gemäß hat der Obere Rath mehrere sehr wichtige Enquêten in
Scene gesetzt, von denen ich hier nur nennen will die über den Zucker in den
Jahren 1863 und 1872 (enquêtes sur le régime des sucres), über den
gewerblichen Unterricht im Jahre 1863 (enquête sur l'enseignement pro-
fessionel), über die Handelsmarine in den Jahren 1863—1865 (enquête sur
la marine marchande), über die Fabrikation künstlichen Düngers von 1864
bis 1866 (enquête sur les engrais industriels) und über den Geldumlauf
in den Jahren 1867—1869 (enquête sur les principes et les faits géné-
raux qui régissent la circulation monétaire et fiduciaire).

Endlich sind neben diesen von den Behörden geleiteten Enquêten diejenigen
anzuführen, welche aus der Initiative des gesetzgebenden Körpers hervorgegangen
sind. Ihrer sind, soweit ich weiß, nur wenige. So beschloß in dem Jahre 1849
die gesetzgebende Versammlung Enquêten über die Salz=Production und =Con=
sumtion, sowie über die Getränkesteuern. Beide Male wurde eine Commission

von je fünfzehn Mitgliedern aus der Mitte der Abgeordneten gewählt (enquête législative sur la production, la consommation et la vente des sels; enquête législative sur l'impôt des boissons). In derselben Weise war im Jahre 1872 der Arbeitsausschuß (la commission du travail) für die Enquête über die Lage der arbeitenden Classen zu Stande gekommen, sowie auch für die im Jahre 1871 begonnenen Enquêten über die öffentliche Unterstützung auf dem Lande (enquête parlementaire sur l'organisation de l'assistance publique dans les campagnes) und über die Besserungsanstalten (enquête parlementaire sur le régime des établissements pénitentiaires) von der Nationalversammlung ein Ausschuß von fünfzehn Mitgliedern zur Vornahme derselben ausersehen war.

Die Enquête selbst besteht nun darin, daß die Commission zunächst einen Fragebogen entwirft, welcher, meistens sehr ausführlich, alle die Verhältnisse berührt, welche für die Lösung des Problems von Interesse sein könnten. Von einem solchen Fragebogen meinte Michel Chevalier einst, daß zu seiner erschöpfenden Beantwortung ein ganzes Buch gehöre (enquête sur la législation relative au taux de l'interêt de l'argent, S. 61: „il faudrait presque composer un traité pour repondre à toutes questions"). Aehnlichen Aeußerungen über den Umfang des Fragebogens begegnet man auch in anderen Enquêten. Das Formular wird gedruckt und im Lande vertheilt. Dem Ausschuß liegt alsdann die weitere Aufgabe ob, die Antworten auf dasselbe einzusammeln. Dies geschieht theilweise auf schriftlichem Wege; theilweise vermittelst mündlicher Verhöre. Es ist nie vorgekommen, daß der eine der beiden Wege ausschließlich betreten wurde. Vielfach ist beiden Richtungen ziemlich gleichmäßig Rechnung getragen. Daß einzelne Personen, welche zum Verhör eingeladen werden, es vorziehen, einen schriftlichen Bericht einzusenden, tritt selten ein. Bei der Enquête über den Geldumlauf von 1867 wurden 77 Personen mündlich vernommen und 15 schickten schriftliche Gutachten ein; bei der Enquête über die Handelsmarine wurden 86 Personen mündlich verhört und 14 theilten schriftliche Berichte mit; über die Korngesetze machten 95 Personen mündliche Aussagen und nur 3 zogen die schriftliche Auseinandersetzung vor. Ebenso liefen bei der Enquête über Kunstdünger 4 schriftliche Kundgebungen ein neben einem Verhöre von 43 Personen.

Die Bedeutung der sogenannten „enquête écrite" liegt eben weniger in den schriftlichen Aussagen einzelner Personen, als vielmehr darin, daß fast jedes Mal alle zuständigen Körperschaften um eine Beantwortung des Fragebogens ersucht werden. An die Handelskammern, die berathenden Gewerbekammern, an die Präfecten, an die Ackerbaugesellschaften, an die landwirthschaftlichen Vereine, die Generalräthe u. s. w. ergeht in den meisten Fällen die Aufforderung, sich über die fraglichen Gegenstände zu äußern. Diese Mittheilungen werden nicht immer in ihrer ganzen Ausdehnung gedruckt, sondern häufig nur im Auszuge gegeben. Das Verhältniß, in welchem die schriftlichen Berichte zu den mündlichen Aussagen stehen, ist sehr verschieden. Bei der Enquête über die Wuchergesetze, bei der 73 Personen mündlich vernommen wurden und 11 schriftliche Antworten einsandten, waren der Commission unterbreitet 55 Berathungen von Handelskammern, 14 Meinungsäußerungen von Notariatskammern, 3 Gutachten von Generalräthen, ein Brief eines Präfecten u. s. w. Die Veröffentlichung über die landwirthschaftliche Enquête von 1867 (enquête agricole) besteht vorzugsweise in der Mittheilung der von den Departements eingelaufenen Documente. Ebenso überwogen bei der Enquête über die Unterstützung auf dem Lande die Gutachten der Generalräthe, einer Reihe medicinischer Vereine, einiger landwirthschaftlicher Vereine, der Wohlthätigkeits-Büreau's und der Verwaltungs-Commissionen in den Hospitälern räumlich die mündlichen Aussagen.

Im engen Zusammenhange mit dieser Einsammlung des Materials auf schriftlichem Wege steht die Herbeischaffung von statistischen Tabellen und Mittheilungen über die Zustände in anderen Ländern, insbesondere über deren Gesetzgebung. Diese Documente erhalten ihren Platz bisweilen als Anhang; sie werden aber wohl auch an die Spitze der Veröffentlichung gestellt. Die Enquête über leinene und hänfene Gespinnste beginnt mit einer Reihe von Tarifen und Aus- und Einfuhrlisten Frankreichs sowohl, als auch Englands, Belgiens, Deutschlands und Rußlands. In der Enquête über den gewerblichen Unterricht folgen auf die mündlichen Verhöre die Berichte über die entsprechenden Anstalten und Fortschritte des Auslandes. Das Gleiche ist der Fall bei der Enquête über die Cooperativ-Gesellschaften, bei der als Annex Gesetzentwürfe und Gesetze anderer Staaten mitgetheilt werden. Die landwirthschaftliche Enquête, deren Material in vier Serien veröffentlicht wurde, widmete den Berichten über das Ausland, welche von den diplomatischen Agenten und Consuln eingesandt wurden, allein eine Serie, bestehend aus drei Bänden.

Das mündliche Verhör geht in der Weise vor sich, daß eine Reihe von Personen eingeladen werden, vor der Commission zu erscheinen, um über den betreffenden Gegenstand die gewünschte Auskunft zu geben. Die Zahl der zu vernehmenden Personen ist keineswegs festgesetzt. Auch hat sich darüber keine feste Regel ausgebildet. Es ist vorgekommen, daß man über 100 Zeugen verhörte: so bei der Enquête über das Mäklergeschäft. Die ältesten Enquêten weisen dagegen auf der anderen Seite sehr gering ausgedehnte Befragungen auf. Bei der Enquête über die Wollengespinnste von 1836 z. B. machten nur vierzehn Personen Aussagen. Nach dem ministeriellen Bericht an den Kaiser vom 15. December 1868 sollen bei der landwirthschaftlichen Enquête 10,000 Zeugen befragt worden sein.

Ebenso wenig hat sich irgend welcher Usus herausgebildet hinsichtlich der Auswahl der zu vernehmenden Zeugen. Einzig der Umstand ist ausschlaggebend, daß die betreffenden Persönlichkeiten gut unterrichtet sein sollen. An wen er die Aufforderung, vor seinem Forum zu erscheinen, ergehen lassen will, ist ganz dem Ausschusse anheimgestellt. Bisweilen bezeichnet der Minister die Zeugen. Auch werden die Präfecten mit der Angabe geeigneter Persönlichkeiten beauftragt. Wenn Privatleute den Wunsch äußern, verhört zu werden, nimmt man Rücksicht darauf. In der Enquête über das Mäklergeschäft war dies z. B. der Fall. Es wird wohl kaum irrthümlich sein, zu behaupten, daß Diejenigen, deren Interessen bei irgend einer Frage am meisten betheiligt sind, zunächst zur Aeußerung ihrer Wünsche oder Klagen herbeigezogen werden, auf der anderen Seite aber eine Befragung der competentesten Männer nicht versäumt wird. In der Zeugenliste für die Enquête über die Getränkesteuern von 1849 stehen der Finanzminister, der Generaldirector der indirecten Steuern, der Director der Zölle neben Bierbrauern, Hopfenbauern und Weinbergsbesitzern. Bei der Enquête über den gewerblichen Unterricht entstammten die Zeugen zum allergrößten Theile wissenschaftlich oder technisch gebildeten Kreisen. Aus wie verschiedenen Elementen sich die Zeugen zusammensetzen, zeigt z. B. die Liste der Enquête über die Wuchergesetze von 1865. Die 73 vernommenen Personen vertheilten sich wie folgt:

6 Senatoren und Abgeordnete,
1 Geistlicher,
17 Magistratspersonen,
12 Professoren und Gelehrte,
19 Notare,
5 Delegirte von Gerichten und Handelskammern,
8 Directoren und Verwalter von Creditvereinen, Bankiers und Kaufleute,
5 Personen verschiedenen Berufes.

Aehnlich wurden bei der Erhebung über die Getreidegesetze Müller, Bäcker, Landwirthe, Conditoren, sowie Nationalöconomen und Zeitungsredacteure verhört.

Den Fragebogen, der vorher an die einberufenen Personen vertheilt wird, pflegt man beim Verhör nicht einzuhalten. Der Vorsitzende stellt den Erschienenen anheim, ihre Ansichten nur über die Punkte mitzutheilen, die ihnen besonders wichtig und geläufig sind, oder der auf dem Formulare gegebenen Reihenfolge gemäß sich über jede Frage zu verbreiten. Die Antwort erfolgt meistens in längerer, wie es scheint, wohl vorbereiteter Rede. Der Vorsitzende unterbricht dieselbe indeß häufig, um je nach den eben gewordenen Mittheilungen Fragen zu stellen, die zu weiteren Ausführungen veranlassen. Auch die übrigen Mitglieder der Commission richten Fragen an die Zeugen, wenn deren Aussagen unrichtig oder unklar scheinen. Es kommt so zu einem contradictorischen Verfahren, über dessen Gesetzlichkeit die Ausschußmitglieder übrigens gelegentlich zweifelhaft sind. Eine solche Uneinigkeit zeigte sich z. B. in einer Sitzung der Enquête über die Gewerbegerichte vom 19. October 1868, wo die Meinung laut wurde, daß man nur da sei, um Aussagen entgegen zu nehmen, nicht um zu disputiren, eine Ansicht, die indessen von dem Ausschusse nicht getheilt wurde (enquête sur les conseils de prud'hommes et les livrets d'ouvriers. Band I, S. 13). Für gewöhnlich versteht sich die zwanglose Unterhaltung von selbst, die öfters zu einer sehr lebhaften wird. Ich will versuchen, eine solche Scene nach dem Eindrucke, welchen die Lectüre des Protocolles hinterläßt, wiederzugeben.

Am 14. December 1865 wurde die Enquête über die Cooperationsgesellschaften eröffnet (enquête sur les sociétés de coopération). Jules Simon, damals Abgeordneter, wird als Erster in den Saal geführt. Der Vorsitzende fordert ihn auf, alle Fragen, welche sich auf dem ihm übergebenen Formulare finden, — ihrer 14 — der Reihe nach zu beantworten oder in allgemeiner Uebersicht, ohne sich an die angezeigte Ordnung zu halten, seine Kenntnisse und Gedanken zum Besten zu geben. Jules Simon zieht das Letztere vor und setzt in etwa einviertelstündiger Rede die Meinungen der Arbeiter über die Nothwendigkeit eines Gesetzes auseinander. Nachdem er geendet, werden Fragen an ihn gerichtet; man greift seine Behauptungen an. Zwischen ihm und dem Vorsitzenden entspinnt sich eine Debatte über die Zweckmäßigkeit eines Specialgesetzes. Herr Darimon, ein Mitglied des Ausschusses, mischt sich hinein und es entsteht eine lebhafte Unterhaltung, die geraume Zeit währt. Zum Schlusse fragt der Vorsitzende den Abgeordneten Simon, ob er noch etwas hinzuzufügen habe.

ob eines der Ausschußmitglieder von dem Zeugen noch etwas zu wünschen wisse, und bedankt sich für die erhaltene Auskunft, worauf Simon sich zurückzieht. (Enquête sur les sociétés de coopération. S. 7 und ff.) Ein etwas anderes Bild zeigt das Verhör Batbie's, des Professors an der Pariser Rechts= facultät. Prof. Batbie geht nach einigen allgemeinen Bemerkungen Punkt für Punkt den Fragebogen durch. Auch er ist übrigens durch Zwischenfragen unter= brochen (a. a. O. S. 28 und ff.). Farbenreicher wiederum ist ein Verhör, welches mit drei Arbeitern abgehalten wurde. Am 22. December 1865 waren der Hutmacher Solon, der Kunsttischler Lerouxel und der Mechaniker Beau zu gleicher Zeit vor der Commission. Der Vorsitzende richtete seine Fragen zunächst freilich immer an den, der gerade aufgerufen war. Die Anderen fügen indeß Weiteres hinzu. Sie fragen sich auch wohl untereinander. Sie tauschen Be= merkungen aus und verbessern sich gegenseitig (a. a. O. S. 227 und ff.).

Die Aussagen der Zeugen werden in der Regel stenographirt. Vor dem Druck werden sie den betreffenden Personen vorgelegt und in dieser Redaction veröffentlicht. Bei der Enquête über die Besserungsanstalten sind die Mittheilungen nur protocollarisch veröffentlicht. In jedem Falle wird das Protocoll zur Einsicht unterbreitet, um Verbesserungen von Irrthümern zu ermöglichen. Ob Ver= änderungen zur Sache gestattet sind, weiß ich nicht.

Zu dem Verhöre haben Andere, als die Eingeladenen, keinen Zutritt. Ich bin wenigstens genöthigt, aus einer Zeugenaussage darauf zu schließen. In der Enquête über die Gewerbegerichte meinte Herr Ducuing, Mitglied des Auf= munterungs-Ausschusses für die Studien der Arbeiter bei der Pariser Ausstellung von 1867, „des enquêtes comme celles-ci, sont excellentes sans doute; mais si elles étaient publiques, elles en vaudraient mieux, parceque tout le monde saurait la vérité, tandisque la vérité ici reste entre nous." (Enquête sur les conseils de prud'hommes. Band I, S. 24.)

Die Dauer jeder einzelnen Sitzung, sowie die Zahl derselben überhaupt, sind nicht festgestellt. Auch pflegt im Vorhinein nicht bestimmt zu sein, inner= halb welcher Zeit die Enquête beendet sein soll. Das mündliche Verhör über die Eisenbahntarife wurde in 8 Sitzungen vom 4. bis 16. März 1850 beendet. Die Aussagen über das Mäklergeschäft wurden in 13 Sitzungen, vom 15. Juli bis 10. August 1864 entgegengenommen. Die Commission für die Enquête über den Geldumlauf hielt 23 Sitzungen vom 17. Februar 1865 bis 30. Juli 1866 ab.

Ebenso wenig Regelmäßigkeiten finden sich in der Frist, in welcher die Ver= öffentlichung des eingesammelten Materiales erfolgt. Es ist dies durchaus von der Schwierigkeit der Frage und der Gunst der Umstände abhängig. Bisweilen geschieht eine getrennte Veröffentlichung. Man theilt zuerst die Protocolle der mündlichen Ver= höre mit und läßt in einem besonderen Bande die schriftlichen Kundgebungen folgen.

Die gedruckten Materialsammlungen sind in der Regel von zusammen= fassenden Berichten begleitet, welche die Folge der Berathungen des Ausschusses sind. Diese Berichte werden seitens der Commissionen an den Minister oder seitens des Ministers an die Regierung abgestattet. Sie sind meistens Muster von Klarheit und Eleganz im Ausdruck. Die Verfasser bemühen sich die gehörten Meinungen zu sichten, die Pro und Contra einander gegenüber zu stellen, die Wünsche und Ansichten genauer zu formuliren, mit einem Worte, eine Verarbeitung des umfassenden Materiales vorzunehmen. Nicht immer sind sie ausführlich genug: zuweilen sind sie sogar oberflächlich, aber sie erfüllen doch den Zweck, denjenigen, welcher sich an das Studium der Sache machen will, zu orientiren. Die Lectüre der Protocolle, schriftlichen Berichte u. s. w. wollen sie natürlich nicht ersetzen.

In dieser Weise war z. B. bei der Enquête von 1836 über die Wollengespinnste der Bericht an den Minister abgefaßt. Zunächst hatte man in 10 Punkten die Haupteinwände gegen die Zulassung der Gespinnste untergebracht. Diesen gegenüber stand in abermals 10 Punkten, was von anderer Seite für die Zulassung bemerkt worden war, so daß die letzteren gleichsam eine Widerlegung der ersteren waren oder umgekehrt. Hierauf äußerte die Commission, wer ihrer Ansicht nach im Unrechte sei und schlug den Wortlaut des Gesetzentwurfes vor. Weniger auf die eben vernommenen Meinungen, wie dem Uebelstand abzuhelfen sei, eingehend, als vielmehr eine Schilderung des Zustandes, in welchem der gewerbliche Unterricht sich in Frankreich befand, war der Bericht, welchen der Minister Béhic, als Vorsitzender der Commission für die Enquête über den gewerblichen Unterricht im Jahre 1864, dem Kaiser abstattete.

Die Benutzung der großen Folianten, die nebenbei bemerkt in sehr schönem Drucke erscheinen, wird durch sorgfältig gearbeitete alphabetische Register nach Hauptstichworten erleichtert. Es ist so möglich, über jede einzelne Frage Auskunft zu erhalten. Gelegentlich ist in der Zeugenliste, die niemals fehlt, bei jedem Namen der Inhalt der Aussage kurz angegeben. Die Register pflegen in jedem Bande zu sein, wenn eine Enquête in mehreren publicirt wird. In der Enquête über die Korngesetze waren die Register so eingerichtet, daß bei jedem Deponenten die Fragen, über welche er sich ausgesprochen hatte, unter Hinweis auf die Seitenzahl des Bandes, verzeichnet waren. Da der Fragebogen 14 Fragen enthielt und beinahe jedes Mal die 14 Fragen wiederkehrten, ist das Register ein wenig umständlich ausgefallen, zur Handhabung des Stoffes aber äußerst bequem. Das „tableau analytique des matières" der anderen Enquêten weist eben nur die Hauptsachen auf.

In vereinzelten Fällen hat man in Frankreich einen etwas anderen Weg eingeschlagen, als ich ihn in Vorstehendem zu schildern versucht habe. Mir sind drei Enquêten bekannt, die nicht in der herkömmlichen Weise veranstaltet wurden. Die Abweichung bei diesen bestand darin, daß die Commission nicht in Paris die Erhebung vornahm, sondern im Lande herumreiste und die Aussagen an Ort und Stelle einsammelte. Ich weiß nicht, ob dieses System häufiger, als in den gleich zu erwähnenden Fällen in Anwendung gewesen ist. Der großen Wichtigkeit wegen, welche dieses Verfahren m. E. hat, scheint es mir von Interesse, auf diese Enquêten näher einzugehen.

Die eine ist die im Jahre 1860 begonnene über die verwahrlosten Kinder. Ein Befehl des Ministers des Innern, Billault, ordnete sie auf Verlangen des Staatsrathes am 27. März 1860 an. Vier Inspectoren von Wohlthätigkeitsanstalten und der Chef des Verwaltungsdienstes wurden mit der Durchführung beauftragt. Diese 5 Herren bereisten vom 1. Mai bis Ende October alle 86 Departements und sammelten Aussagen. Da jedem derselben nur wenige Tage gewidmet werden konnten, so waren die Präfecten durch vorher ihnen zugegangene Fragebogen angewiesen, sich zu erkundigen und alle nöthigen

Urkunden, Documente, Mittheilungen u. s. w. zur Erleichterung der Erhebung bereit zu halten. Nach ihrer Rückkehr wurde den 5 Herren die Aufgabe zu Theil, das eingesammelte Material übersichtlich zu verarbeiten, um die wichtigsten Punkte der Belehrung, welche man durch die Enquête zu erlangen hoffte, in die Augen springen zu machen.

In ähnlicher Weise verfuhr man bei der Salz-Enquête, die der Kaiser am 24. März 1866 befahl. Auch bei dieser war es Grundsatz, daß sie inmitten der Gegenden stattfinden sollte, welche vorzugsweise Salz produciren. Annähernd war allerdings schon bei der Salz-Enquête am Ausgange der vierziger Jahre das Gleiche angestrebt worden. Die Ausschußmitglieder nahmen damals 42 Salzminen und Bergwerke in Augenschein; wesentlicher aber waren das mündliche Verhör und die schriftlichen Antworten geblieben, welche der Commission von 51 Departements zugingen. Anders im Jahre 1866. Durch ministeriellen Befehl vom 8. April 1866 wurden für das ganze Land zwei Ausschüsse gebildet, die unter die Leitung eines General-Commissars gestellt wurden. Jeder derselben war aus 4 Personen zusammengesetzt: einem Berichterstatter über die Bittschriften als Vorsitzenden, einem Finanzinspector, einem Ingenieur und einem Beisitzer vom Staatsrathe als Schriftführer. Diese Commissionen sollten sich unterwegs durch den Vorsitzenden oder ein Mitglied der Handelskammer des betreffenden Ortes, an welchem sie tagen würden, und durch den General-Secretair der Präfectur verstärken. Die Reiseroute war ihnen vorgeschrieben. Ein Fragebogen war vor ihrer Abreise nicht nur an alle diejenigen Personen vertheilt, von denen Auskunft zu fordern nützlich schien, sondern auch an Alle, welche ein Formular verlangten. Außerdem wurde der Fragebogen in den Localblättern derjenigen Ortschaften, wo Erkundigungen eingezogen werden sollten, abgedruckt. In denselben Blättern wurde die Ankunft der Ausschüsse bekannt gemacht. Dieser Anruf der Oeffentlichkeit verfehlte seine Wirkung nicht. Salzproducenten, Raffineure, Händler, Industrielle, Ingenieure, welche die Arbeit in den Salzbergwerken leiteten, die Arbeiter — mit einem Worte alle bei der Salzproduction interessirten Personen stellten sich in den ihnen zunächst gelegenen Orten ein, um ihre Wünsche, Erklärungen und Auskünfte vorbringen zu können. Die Commissionen besuchten übrigens nur die Productionsmittelpunkte. Eine Supplementar-Enquête wurde in einigen Städten im Inneren des Landes und am Gestade des Aermelmeeres veranstaltet, um auch die Bedürfnisse der Consumenten kennen zu lernen.

Einzig in seiner Art ist das Verfahren gewesen, welches man bei der landwirthschaftlichen Enquête im Jahre 1866 beobachtete. Ich entnehme die Schilderung desselben einem Berichte des Herrn Monny de Mornay an den Minister vom 20. December 1867 und dem Berichte des Ministers an den Kaiser vom 15. December 1868. (Enquête agricole. 3. Serie. Depositions orales.) Das wesentlich Abweichende bestand hier in der Bildung von Departements-Commissionen aus je 10—12 Personen, die mit der Erhebung beauftragt wurden. Ganz Frankreich war in 28 Kreise getheilt, in welche die Departements zusammengefaßt waren, wobei natürlich möglichst auf analoge Verhältnisse Rücksicht genommen war. Ueber den Departements-Ausschüssen stand die Obere Commission in Paris. Vor Beginn der Erhebung wurde ein Fragebogen in 20,000 Exemplaren unter die Präfecten vertheilt, die sie wiederum an die berathenden Landwirthschafts=Kammern, an die landwirthschaftlichen Gesellschaften und Vereine, an die Mitglieder der General= und Arrondissementsräthe u. s. w. zu vergeben hatten. Die Kreis=Ausschüsse sammelten nun die auf die Fragebogen eingehenden Berichte und nahmen auch mündliche Aussagen entgegen. Sie tagten an den verschiedenen Orten ihrer Bezirke, im Ganzen an 270 Plätzen. Die Vorsitzenden mußten alsdann das Material verarbeiten und die Zusammenfassungen nach Paris schicken. War eine genügende Anzahl solcher Documente eingelaufen, so wurde die Obere Commission zur Begutachtung berufen. Die in den örtlichen Versammlungen erhobenen mündlichen und schriftlichen Aussagen wurden von eigens zu diesem Zwecke aus der Mitte der Oberen Commission gebildeten Abtheilungen sorgfältig durchgegangen. Dies geschah, indem jede Abtheilung Einen beauftragte, aus den Documenten alle Wünsche, welche zu Papier gebracht worden waren, auszuziehen. Die Abtheilung entschied dann, welche Wünsche die Grundlage zu einer Discussion bilden sollten; sie behielt viele bei, nur um denjenigen, welche sie ausgesprochen, zu beweisen, daß ihre Berücksichtigung unmöglich. Außerdem sollte jede Abtheilung diejenigen Documente bezeichnen, welche des Druckes würdig seien. Diese, sowie die Berichte der Vorsitzenden in den Departements=Commissionen wurden in die officielle Sammlung aufgenommen. Daneben hielt die Obere Commission in Paris gleichfalls Sitzungen und empfing mündliche Aussagen, welche in einem besondern Bande abgedruckt wurden. Im Ganzen umfaßt diese Enquête, von 1867 an erschienen, 35 Bände. Bis zum December 1868 waren 21 Bände publicirt.

An einer Einrichtung Kritik zu üben, bei der Alles auf die praktische Handhabung ankommt und die man doch nur aus Büchern kennt, scheint sehr vermessen. Indeß werden ein paar Bemerkungen nothwendig sein. Ich finde, daß bei dem französischen Verfahren das Meiste gegeben ist, was im Principe zur Sicherung einer guten Ausführung verlangt werden kann — das mündliche Verhör, die Einsammlung schriftlicher Gutachten, die Oeffentlichkeit des eingegangenen Materiales, die unparteiische Zusammensetzung der Commissionen. Gleichwohl kann ich nicht sagen, daß bereits Alles geschehen ist: aber ich kann dies ebenso wenig von den englischen Enquêten behaupten, die man uns immer wieder als Vorbild preist.

Die Mängel des französischen Verfahrens dürften zunächst vielleicht darin liegen, daß es officielle Behörden sind, welche die Sache in die Hand nehmen. Es ist mir fraglich, ob sich hier immer die geeigneten Personen finden, welche die nöthigen Specialkenntnisse besitzen, um sich in jedem Falle für ein geschickt zu haltendes Kreuzverhör befähigt zu zeigen. Und es ist ebenso bedenklich, daß die Regierung die Ernennung dieser Mitglieder sich vorbehalten hat. Ob da immer ganz unabhängig und vorurtheilsfrei die Wahlen vor sich gehen, wird man bezweifeln dürfen. Von der Zusammensetzung der Commissionen hängt viel ab, da ihr die Redaction der Fragen obliegt, und sie den Schlußbericht leicht mit vorgefaßten Meinungen ausstaffiren kann. Das einzig Richtige ist eine Wahl seitens des Parlamentes. Man hat dabei keineswegs nöthig, nur Parlamentsmitglieder in den Ausschuß zu bringen: im Gegentheil wird es sich empfehlen, andere Persönlichkeiten, deren Sachkenntniß bekannt, mit zuzuziehen. Warum sollten z. B., wo es sich um Fabrikgesetzgebung handelt, nicht auch

Arbeiter einer Commission als Glieder eingereiht werden können? Man ist 1848 in Frankreich, als eine Enquête über die landwirthschaftliche und industrielle Arbeit eröffnet worden, in dieser Weise vorgegangen. In jedem Hauptorte der Cantone tagte unter Vorsitz des Friedensrichters ein Ausschuß, zu gleichen Theilen aus Arbeitgebern und Arbeitnehmern zusammengesetzt. Französischerseits ist dies Verfahren getadelt worden. Horace Say bemerkt, daß eine solche Idee genügend zeige, wie sehr man sich durch die Vorurtheile seiner Epoche irre machen ließ. „Man wollte aus demokratischen Rücksichten den Arbeiter überall einrücken lassen und wurde zu einer völligen Verwirrung hingerissen, indem man Diejenigen, welche hätten befragt werden sollen, in einen Ausschuß brachte, der selbst dazu bestimmt war, Nachrichten einzusammeln." (Dictionnaire de l'économie politique. S. 705.) Man muß zugeben, daß Horace Say hier Recht hat: wenn aber damals in Frankreich ein richtiger Gedanke übertrieben war, so ist dies noch kein Grund, ihn nunmehr für immer zu verdammen. Nicht würde ich die Zulassung von Arbeitern zum Gesetz gemacht wissen wollen, aber es scheint mir nothwendig, die Möglichkeit offen zu lassen. Diese ist indeß nicht vorhanden, wenn so hohe Behörden wie der conseil d'État, der conseil supérieur de l'agriculture u. s. w. zur Vornahme der Enquêten bestimmt sind.

Das schriftliche Verfahren spielt ferner in Frankreich eine zu große Rolle. Es ist zweifellos, daß dasselbe einem richtigen Gedanken entsprungen ist. Man kann sich von gewissen Zuständen nicht anders ein Bild machen, als indem man sie in Zahlen festhält. Bei Enquêten über Schutzzölle, Eisenbahntarife, sind tabellarische Zusammenstellungen über Aus= und Einfuhr, über die Production u. dergl. nothwendig. Auch wird Niemand den Nutzen leugnen wollen, den ein Vergleich der einheimischen Verhältnisse mit ausländischen bietet. Wer sollte aber solche Zusammenstellungen besser anfertigen können als die Behörden, die statistischen Büreau's. Was dagegen vom Uebel ist, zeigt sich in dem Einholen der Gutachten von den Präfecten, von allen möglichen Vereinen, den Handelskammern und einer Reihe von Behörden. Man sollte schriftliche Erläuterungen einzelner Personen ganz zurückweisen und durch die verschiedenen Körperschaften sich in der gehörigen Ausdehnung des contradictorischen Verfahrens nicht beeinflussen lassen.

Was nun das mündliche Verhör selbst anlangt, so wirft Horace Say ein, daß die zur Vernehmung gelangenden Personen mit einer gewissen Absicht ausgewählt werden (a. a. O. S. 703). Ich gestehe, hierüber kein Urtheil zu haben. In den Enquêten, welche ich genauer kenne, ist mir weder in der Wahl der Zeugen, noch in deren Aussagen entgegengetreten, daß eine vorgefaßte Meinung sie zusammenrief. Auch der Umstand, daß Alle, welche verhört zu sein wünschen, vorgefordert werden, spricht gegen die Auffassung von Horace Say, als ob man Comödie spiele.

Bestimmten Tadel verdient die Langsamkeit der Veröffentlichung des eingesammelten Materiales. Nichts könnte erwünschter sein, als während der Enquête selbst die gemachten Aussagen zu drucken und sogleich ins Publicum bringen zu lassen. Nicht nur, daß dadurch ein regeres Interesse der Bevölkerung an der ganzen Angelegenheit erzielt werden und Mancher sich zur Enquête einstellen würde, dem sonst die Vornahme derselben überhaupt ganz entgangen wäre, liegt der Vor=

theil auch darin, daß die Lectüre kleinerer Fascikel von Jedem spielend überwunden wird, während vor mehreren Quartbänden reichlichen Umfanges Viele scheu zurückweichen.

Ungetheiltes Lob scheint mir die Anordnung der beiden Enquêten zu verdienen, deren Ausschüsse durch Bereisen der betreffenden Gegenden ihre Aufgabe zu erfüllen versuchten. Es ist dies ein Punkt, auf den m. E. Alles ankommt, der aber auch in England nicht stark genug betont wird. Die für den einzelnen Moment entsendeten Local-Commissionen, „eine Art Subcommissionen, deren sich die Untersuchungscommission bedient, um sich gleichsam räumlich zu erweitern", sind dort eben nicht zu häufig in Anwendung (G. Cohn in Hildebrand's Jahrbüchern XXV, S. 73).

Was aber dort nebensächlich ist, enthält meiner Ansicht nach die Hauptgarantie für eine gute Ausführung der Enquête. Jedermann, den sein Beruf für gewöhnlich im Büreau oder Studirzimmer fesselt, wird sich mit Freude der lebhaften frischen Empfindungen erinnern, die er von noch so kurzen Studienreisen mitgebracht hat. Wer je Fabrikgegenden mit der Absicht besuchte, sich über die Verhältnisse der Arbeiter zu unterrichten, wird den wohlthuenden Eindruck empfunden haben, den der ungezwungene Verkehr mit Denen, von welchen man Aufklärung wünscht, hinterläßt. An der Stätte, die gleichsam ein lebendes Beispiel ist für Alles, was der Zeuge sagt, fließt die Rede schneller, wird der Gedankenstrom nicht verwirrt durch das beengende Gefühl vor der zahlreichen Commission, wie vor Gericht zu stehen. Bei Enquêten über gewisse Gegenstände, z. B. über die Wirkung von Wuchergesetzen, von Schutzzöllen, wird es nicht so sehr darauf ankommen, bestimmte Gegenden aufzusuchen; in solchen Fällen wird man die Erhebung sehr gut an einem Mittelpunkte veranstalten können. Für die Feststellungen bei einer großen Zahl von Fragen aber wird es sich immer mehr empfehlen, an Ort und Stelle Erkundigungen einzuziehen. Nur dann wird man wahrheitsgetreue, frische Schilderungen erhalten, wird man ein Material erlangen, das durch seine Unmittelbarkeit Eindruck macht. Wie abgeschwächt erscheinen gerade in dieser Beziehung die beiden letzten Enquêten des Deutschen Reiches! Dieselben sind freilich an Ort und Stelle erhoben, aber nicht in der ursprünglichen Form veröffentlicht. Wenn man heute den Einfluß der Gefangenen=Arbeit auf die Höhe der Löhne ermitteln will, wird man einige Sachverständige dahin entsenden müssen, wo dieser Uebelstand am meisten empfunden wird. Wenn man über das Lehrlingswesen sich unterrichten, über die Erfüllung der von der Gewerbe=Ordnung gegebenen Vorschriften sich vergewissern will, wird man dort die Erkundigungen einzuziehen haben, wo das kleine Handwerk noch im Betriebe, oder wo Fabriken besonders zahlreich verbreitet sind. Es ist durch eine solche Erhebung seitens unparteiischer Männer die Möglichkeit geboten, jeden eingeschlichenen Irrthum sofort zu beseitigen, weil die Augenfälligkeit der Erscheinung am Orte selbst gegen jede schiefe Auffassung spricht.

Bei jeder Erhebung kommt es im Wesentlichen auf drei Punkte an. Man muß ein Mal feststellen, welche Zustände durch die bestehende Gesetzgebung oder Gesetzlosigkeit herbeigeführt wurden: man muß ein Zustands=Bild entwerfen. Weiter muß in Erfahrung gebracht werden, welche Maßregeln die betheiligten Interessenten zur Abhülfe für geboten erachten. Endlich muß man die Folge=

rungen berücksichtigen, welche aus dem gegenwärtigen Zustande gezogen, zur Bestätigung oder zur Abwehr der vorgeschlagenen Auskunftsmittel dienen können.

Wie soll nun der erste Punkt erledigt werden, wenn Niemand da ist, der die Aussage des Einzelnen controliren kann? Können nicht einzelne Zeugen aus derselben Gegend übereinkommen, bestimmte Dinge zu berichten und andere zu verschweigen? Dies ist unmöglich, wenn der Schauplatz selbst betreten und durch Maueranschläge zum Zeugen-Verhör eingeladen wird.

Ferner aber darf nicht minder außer Acht gelassen werden, daß Diejenigen, welche zunächst bei der Frage interessirt sind, recht zahlreich gehört werden müssen. Arbeitgeber wird man allerdings in den meisten Fällen zu einer Reise in die Hauptstadt bewegen können; wie aber mit den Arbeitnehmern? Wem soll man die Entschädigungskosten zu tragen auferlegen und wem das Aufsuchen derjenigen Arbeiter anvertrauen, die zu verhören am geeignetsten scheint?

Und endlich das Letzte, gleichsam die Correctur aller mündlichen und schriftlichen Aussagen: die Möglichkeit, ein objectives Urtheil über die Sachlage zu begründen, — sie kann nur erzielt werden, wenn von einigen nicht direkt in der Sache interessirten Männern Alles in Augenschein genommen wurde. Wer es versucht hat, aus den deutschen Enquêten sich ein zutreffendes Bild von dem Stande der Fragen zu entwerfen, wird auf manche Schwierigkeit gestoßen sein, sofern er nie Gelegenheit hatte, mit Fabrikanten und Arbeitern diese Dinge selbst zu besprechen. Hatte er aber nur einige Male Gelegenheit dazu, so wird seine Urtheilskraft nach einer Seite geschärft, die sonst zu schulen unmöglich ist — der Verstand wird auf eine Fülle praktischen Details hingewiesen die an sich scheinbar unbedeutend, oft die größten Consequenzen birgt. Einigen Personen muß mithin Gelegenheit gegeben werden, unbekümmert um die in Frage stehenden Interessen, eine Controle über die Zeugen-Aussagen üben zu können.

Der geeignetste Weg, welcher bei einer Erhebung über sociale Verhältnisse einzuschlagen wäre, ist m. E. daher etwa folgender. Die Entscheidung über die Nothwendigkeit und Zulässigkeit einer Erhebung steht allein dem gesetzgebenden Körper im Staate zu. Von diesem wird der Ausschuß ernannt. Die vielleicht 13 Mitglieder der Commission entwerfen in gemeinschaftlicher Berathung einen Fragebogen oder ein Programm, das in übersichtlicher Weise die Gesichtspunkte hervorleuchten läßt, auf welche es bei der Lösung ankommt. Dieses Programm wird in den Zeitungen bekannt gemacht, insbesondere in den amtlichen Blättern abgedruckt. Es wird ferner an die Handelskammern gesandt, um diese zu einem schriftlichen Gutachten über die Frage aufzufordern. Aus seiner Mitte wählt dann der Ausschuß selbst drei Glieder, denen die eigentliche Erhebung anvertraut wird. Diese Subcommission begiebt sich an alle die Orte, wo der Mißstand besonders gefühlt worden ist, um dort Zeugen zu vernehmen. Der Ausschuß arbeitet für sie eine Reiseroute aus und bestimmt die Plätze, an denen Verhöre stattfinden sollen. Der Reiseplan wird gleichfalls in den öffentlichen Blättern bekannt gegeben mit genauer Nachricht über die Zeit, wann die Subcommission zu erwarten sei. Zugleich wird in den Localblättern der Orte, wo Verhöre wünschenswerth erscheinen, die Räumlichkeit bezeichnet, in der dieselben statthaben werden. Auch muß eine öffentliche Einladung an Alle, Aussagen machen zu wollen, erfolgen. Diese Personen müssen sich bis zu einem bestimmten

Termine bei der Ortsbehörde angemeldet haben. Bei nicht genügender Betheiligung erläßt die letztere an einige geeignete Männer eine directe Aufforderung zum Verhör. Die Vernehmung der Zeugen findet öffentlich statt. Stenographen, welche die Subcommission begleiten, schreiben die Aussagen wörtlich nieder.

Die Protocolle werden, nachdem die Zeugen ihre Mittheilungen durchgesehen, in die Hauptstadt geschickt, wo ihre Veröffentlichung erfolgt, während die Enquête noch weiter fortgesetzt wird. Je nach Bezirken oder einzelnen Orten werden die Hefte zu möglichst billigem Preise verkauft. Während der Dauer der mündlichen Erhebung müssen die Gutachten der Handelskammern eingelaufen sein, die ebenfalls gleich nach ihrem Eintreffen gedruckt und veröffentlicht werden. Aus diesen und den mündlichen Aussagen, die jedes Mitglied des Ausschusses nunmehr gedruckt vor sich hat, bereitet die Commission nach der Rückkehr der drei Abgesandten den Gesetzentwurf vor, dessen Motive ein eingehender, umfassender Bericht über die gehörten Meinungen bildet. Zum Schluß wird noch ein Mal eine Sammlung aller bereits veröffentlichten Mittheilungen, die fortlaufend numerirt gewesen sein müssen, veranstaltet.

So stellen sich in meiner Anschauung die Grundzüge der neuen Erhebungsweise dar. Es versteht sich von selbst, daß im Einzelnen Verbesserungen derselben sehr gut denkbar sind. Statt einer Subcommission könnten vielleicht zwei reisen, wenn die Angelegenheit dringlich ist. Der Einheitlichkeit des Verfahrens würde dies kaum Eintrag thun. Das Wesentliche, worauf es mir ankommt, ist, daß zu den beiden Grundgedanken der englischen Erhebungsweise, der Mündlichkeit und der Oeffentlichkeit, der dritte tritt — die Einziehung der Erkundigungen an Ort und Stelle.

Ueber die Untersuchung von Gewerbestreitigkeiten und die dem Zeugniß der Arbeitgeber und Arbeiter zukommende Glaubwürdigkeit.[1]

Aus dem Englischen des **John Malcolm Ludlow**,
Barrister-at-law and Chief Registrar of Friendly Societies.

So hartnäckig auch von Vielen behauptet wird, daß alle das Arbeitsverhältniß betreffenden Fragen nur die Arbeitgeber und ihre Arbeiter angehen, das Gefühl, daß diese Fragen für die übrigen Gesellschaftsclassen gleichfalls von Interesse sind, ist sichtbar im Zunehmen, und kein großer Arbeitsstillstand, gleichviel ob durch Arbeitseinstellung oder Aussperrung hervorgerufen, kann mehr eintreten, ohne in den Zeitungen besprochen zu werden, ja ohne nach einiger Zeit selbst in die Salons sich den Weg zu bahnen und in den daselbst gepflogenen Gesprächen Erörterung zu finden. Auch ist dies nicht zu verwundern. Wenn Jemandem die bestellten Stiefel nicht geliefert werden, weil die Schuhmachergesellen die Arbeit niedergelegt haben, oder wenn eines Anderen Hausbau nicht beendigt werden kann, weil der Baumeister ein Zahlungssystem eingeführt hat, welches den Maurern und Stuckaturern nicht zusagt, so wäre widersinnig, zu behaupten, daß die Arbeitsbedingungen die Beiden nichts angehen. Wird nicht jeder nach dem ersten Murren über den empfundenen Uebelstand aus natürlichem Triebe nach den Gründen der Arbeitsstörung fragen? Und wenn er nicht zu den Geisteskindern gehört, welche sich mit dem ersten besten Grunde begnügen, nur weil es überhaupt ein Grund ist, so wird er sich von selbst angelegen sein lassen, der Richtigkeit der angegebenen Gründe nachzuforschen.

Freilich wird ihn hier bald ein Meer von Schwierigkeiten umgeben. Und gar oft wird er Gelegenheit haben, sollte er nicht etwa von vornherein einen ganz parteiischen Standpunkt einnehmen, sich der Worte zu erinnern, welche Sir John Malcolm dem wilden Bheel erwiederte, als dieser nach einseitiger Schilderung des erlittenen Unrechts Gerechtigkeit verlangte: „Gott, der Allmächtige, gab mir zwei Ohren, um Eure Erzählung mit dem einen zu hören, mit dem anderen aber die Eures Gegners." Nichts kann verschiedener sein als die Berichte der Arbeitgeber und die der Arbeiter, und zwar nicht nur, wenn es sich um concrete Gewerbsstreitigkeiten handelt — denn darauf würde man gefaßt sein, wie auf widersprechende Zeugenaussagen in einem Processe wegen in-Grund-Fahrens oder

---

[1] Die Uebersetzung dieses 1862 gehaltenen Vortrags (f. die Note S. 60) wurde auf Anrathen und durch Vermittlung von Prof. L. Brentano in den Gutachtenband aufgenommen, weil derselbe auch für heutige Verhältnisse die wichtigsten Fingerzeige für das Verhalten der eine Enquête leitenden Personen enthält. Die Redaction.

in einer auf körperliche Mißhandlung gegründeten Ehescheidungsklage — sondern bezüglich genereller Thatsachen, von denen nur ein geringer Theil für die gerade vorliegende Streitfrage von Bedeutung ist, wie die Durchschnitts-Arbeitszeit, der durchschnittliche Lohn, die durchschnittliche Verdingungszeit, die geforderte Durchschnittsanstrengung u. s. w. Zweifellos werden in vielen Fällen die Angaben der einen oder anderen Partei dem Nachfragenden durch den persönlichen Charakter des Zeugen, soweit derselbe dem Forscher bekannt ist, beglaubigt und mit Recht so. Allein sehr oft wird gerade diese Erprobung unanwendbar oder unzuverlässig sein. Viele der uns vorliegenden Zeugnisse sind oft schriftliche und rühren von Personen her, die uns unbekannt sind. Noch häufiger aber wird es an der nöthigen Kenntniß von dem Charakter des Berichtenden fehlen, um auch nur mit annähernder Sicherheit seine Glaubwürdigkeit beurtheilen zu können; und je weiter wir unsere Forschungen ausdehnen, desto mehr werden wir uns überzeugen, daß auch bei der größtmöglichen Aufrichtigkeit und der wohlmeinendsten Aussage die Glaubwürdigkeit ihre Grenzen hat in der Stellung des Zeugen und in den Verhältnissen. Deswegen ist es für uns wichtig festzustellen, wodurch, ganz abgesehen von dem persönlichen Charakter des Zeugen, die Glaubwürdigkeit der Berichte beider Parteien bedingt wird.

I. Das Zeugniß des Arbeitgebers. — Unter gewöhnlichen Verhältnissen wird uns vor Allem das Zeugniß des Arbeitgebers zugänglich sein. Er, und nicht der Arbeiter, ist diejenige Partei, mit welcher wir naturgemäß in Berührung stehen. Auch wenn unser Nachforschen nicht durch einen persönlich empfundenen Uebelstand veranlaßt wurde, bezüglich dessen wir selbstredend von dem einzelnen Fabricanten, mit dem wir es gerade zu thun haben, Aufklärung verlangen, immerhin bewegt sich der Arbeitgeber doch mehr oder weniger in denselben Kreisen, wie wir selbst; jedenfalls ist er in seinem Comtoir zu finden, seine Adresse steht sicherlich im Adreßbuch. Und selbst wenn er uns mit sichtbarer Zurückhaltung und mit Argwohn begegnen sollte, weil wir ihn ohne genügende Empfehlungen aufgesucht haben, so wird es doch meistens nicht schwer sein den betreffenden Fall in der Zeitung oder in der periodischen Presse zu finden. Auch ist es leicht den Verkehr, wenn er einmal mündlich eröffnet ist, schriftlich fortzusetzen. So ist die Streitfrage, wie sie der Arbeitgeber auffaßt, im Allgemeinen nicht nur zuerst bekannt, sondern sie läßt sich auch am leichtesten studiren.

Ferner beansprucht das Zeugniß des Arbeitgebers eine prima facie Glaubwürdigkeit. Er ist meist ein gebildeter Mann, wenigstens bewegt er sich in respectabler Gesellschaft, oft ist er einflußreich, manchmal bedeutend. Er hat wirklich oder scheinbar Namen, Ruf und Stellung zu verlieren. Gewöhnlich nennt er sich einen Gentleman, wahrscheinlich vermag er sich als solcher zu benehmen, sehr oft, Gott sei Dank, ist er wirklich einer. Versichert er Etwas bei seiner Ehre, so verbürgt der Rock, welchen er trägt, dieselbe hinreichend, um zu verhindern, ohne besonderen Grund seine Worte in Frage zu stellen.

Gerade seine Stellung als Arbeitgeber giebt ihm aber in vielen Beziehungen auch eine wirkliche Glaubwürdigkeit. Sein Gesichtspunkt, verglichen mit dem des Arbeiters, ist zugleich ein höherer und mehr centraler. Er übersieht das Ganze der inneren Oeconomie, während dieser nur einen Theil übersieht, nur er ist daher in der Lage das richtige Verhältniß der einzelnen Theile zu einander zu beurtheilen, ebenso wie die nothwendige Unterordnung des Einzelnen unter das Ganze. Nach außen hin ist er in ständiger Verbindung mit den beiden Welten: Consumtion und Production; er fühlt die Einwirkungen beider und ordnet darnach die Oekonomie seines Geschäfts. Die Verantwortlichkeit einer solchen Stellung bringt als Regel den Besitz größerer Energie und größerer Fähigkeit mit sich als sie unter der Menge der Arbeiter gefunden werden, oder sie entwickelt wenigstens all' die Eigenschaften auf's höchste, durch welche jene beiden am besten ersetzt werden. Wenn endlich, wie es oft der Fall ist, der Arbeitgeber selbst aus den Reihen der Arbeiter hervorgegangen ist, so garantirt seine gegenwärtige Stellung im Allgemeinen hinreichend das Vorhandensein solcher Energie und Fähigkeit und fügt zu den anderen Gründen für die Glaubwürdigkeit des Arbeitgebers den unschätzbarsten hinzu: die frühere Erfahrung gerade in der Stellung, zu welcher seine eigene jetzt im Gegensatz steht.

Es ist daher ohne Zweifel zu allen Zeiten und in allen Fällen dem Zeugniß des Arbeitgebers großes Gewicht beizulegen, und wenn man mit Sicherheit darauf rechnen könnte, daß es erschöpfend und völlig aufrichtig wäre und sich nur auf Dinge erstreckte, die der Arbeitgeber aus eigner Anschauung kennt, so müßten die Angaben des Arbeitgebers allein genügen, um alle thatsächlichen Verhältnisse authentisch festzustellen.

Leider ist aber meines Erachtens das Zeugniß des Arbeitgebers sehr selten erschöpfend und, wenn aufrichtig, so ist es dies gerade da am meisten, wo er erschöpfende Angaben offen verweigert. Meiner Erfahrung nach wird der Arbeitgeber, abgesehen von Fällen ganz besonderer Intimität, niemals alles sagen; oder wenn er es thut, so thut er es unter dem Siegel der Verschwiegenheit, so daß er es uns unmöglich macht, der Genauigkeit seiner Angaben weiter nachzuforschen, oder, wenn es ihm gelungen uns von ihrer Richtigkeit zu überzeugen, diese Ueberzeugung auch anderen beizubringen. Aber es ist überraschend, wie oft selbst im Falle intimster gegenseitiger Beziehungen, der Arbeitgeber Auskunft verweigert.

Die freimüthigsten unter den Arbeitgebern räumen dies offen ein. „Ihnen sagen, was ich für Lohn zahle, niemals!" Diese Worte habe ich aus dem Munde eines hervorragenden Fabrikanten gehört, eines jetzigen Parlamentsmitgliedes, eines eifrigen Vorkämpfers für Schulbildung, aber heftigen Gegners der Gewerkvereine. Und zwar meinte er damit weniger die thatsächliche Höhe der augenblicklichen Lohnsätze, als vielmehr das Princip, nach welchem er die Lohnsätze feststellt. Auch läßt sich nicht leugnen, daß diese Weigerung ganz natürlich ist. Fast alle Streitigkeiten zwischen dem Arbeitgeber und seinen Arbeitern, und zwar nicht nur, wenn es sich um den Lohnsatz oder die Arbeitszeit, sondern auch, wenn es sich um irgend welche ganz untergeordnete Arbeitsbedingungen handelt, spitzen sich für den Arbeitgeber zu einer Gewinnfrage zu. Der Gewinn aber, von welchem der Arbeitgeber lebt, hat drei verschiedene Feinde, welche unaufhörlich gegen ihn ankämpfen und ein Stück desselben für sich zu erhaschen suchen. Der Arbeiter ist immer bestrebt die Annehmlichkeiten seines Lebens auf dieses Gewinnes Kosten zu vermehren. Der Consument knabbert wenigstens fortwährend daran, und mitunter, wenn er die Macht hat, reißt er davon ganze Bissen. Die concurrirenden Arbeitgeber endlich trachten unaufhörlich, indem sie seine Kundschaft an sich zu reißen versuchen, ihn zu vernichten. Wie kann es da überraschen, wenn der Arbeitgeber seinen Gewinn zu verheimlichen sucht und die Elemente, aus denen er sich zusammensetzt, sowie die Mittel, durch die er erworben wird, den Augen des neugierigen Forschers birgt? Wie kann er wissen, ob ihm nicht, während er sich im Gespräche mit einem Feinde befindet, ein anderer seinen Schatz wegschnappt? Der, welcher vom Gewinn lebt, das kann man wohl sagen, befindet sich, was das Gewinn= machen anlangt, in natürlichem Kriegszustande mit seinen Mitmenschen. Er steht gegen sie und sie gegen ihn. Aber unter seinen verschiedenen Feinden ist ihm keiner so gefährlich, als sein Bruder Concurrent. Man könnte sich, bliebe der Rangstolz ganz außer Frage, wohl einen Arbeitgeber denken, welcher offen seinen Arbeitern die Gründe auseinandersetzte, warum er die Lohnsätze gerade so und nicht anders berechne, denn er weiß, daß sie aus dieser Kenntniß nur bis zu einem gewissen Grade Vortheil ziehen können, da sie ja seine natürlichen Ver= bündeten gegen den Consumenten sind und auch gegen den Concurrenten, wenn dieser darauf ausgeht die Preise herabzudrücken. Mit noch mehr Wahrscheinlich= keit ließe sich eine derartige Offenheit des Arbeitgebers dem wirklichen oder mög= lichen Consumenten gegenüber voraussetzen, sofern er nicht von einem einzelnen Consumenten unmittelbar abhängt. Die große Furcht des Arbeitgebers aber ist die vor seinem Bruder Concurrenten, — vor dem Manne, welcher in ganz der nämlichen Lage, wie er selbst, sich befindet — welcher aus jedem Wink, aus jedem unvorsichtigen Geständniß sofort Vortheil ziehen kann — welcher täglich Kopf an Kopf mit ihm einen Wettlauf hält auf Tod und Leben. Wird daher einmal ausnahmsweise erschöpfende Auskunft ertheilt und Verschwiegenheit ver= langt, so besteht der Grund dieses Verlangens ausnahmslos in der Furcht, es möchten benachbarte Arbeitgeber das Mitgetheilte erfahren.

Völlig erschöpfende und völlig aufrichtige Angaben darf man also der Regel nach in den Darstellungen der Arbeitgeber nicht suchen. Wie sehr sie auch immer bestrebt sein mögen aufrichtig zu sein, immer werden sie ihr Augenmerk auf den Gewinn richten müssen. Bis zu einem gewissen Punkte werden sie offen sein, dann aber wird man ein sanctum finden, in welches sie Niemanden einlassen, ja, in welches kaum Jemand Einlaß begehren wird. Eines Engländers Haus ist seine Burg, das haben wir in der Kindheit gelernt. Sein Gewinn und sein Einkommen sind es nicht weniger, das lehrt uns das reifere Alter. Es giebt ein Anstandsgefühl, welches uns fast immer verbieten wird die Schwelle dieser beiden Räume ungebeten zu überschreiten.

Da nun, wie ich schon oben betonte, fast alle Streitigkeiten zwischen Arbeit= geber und Arbeiter sich für den ersteren zu einer Gewinnfrage zuspitzen und er im Allgemeinen gründliche Auseinandersetzungen bezüglich des Gewinncapitels verweigert, so folgt meines Erachtens daraus mit Nothwendigkeit, daß das Zeugniß des Arbeitgebers hinsichtlich solcher Streitigkeiten für einen verständigen Menschen niemals endgültig maßgebend sein kann, daß es vielmehr immer einer Ergänzung von außen her bedarf.

Als erste Norm für dergleichen Untersuchungen ist daher nach meiner Meinung aufzustellen, daß die Vermuthung dahingeht, daß das Zeugniß des Arbeitgebers in allen Sachen, über welche er aus eigener Anschauung Kenntniß hat, nur ein unvollständiges ist.

Bisher habe ich stets angenommen, daß das Zeugniß des Arbeitgebers bei all seiner Unvollständigkeit doch, so weit es reicht, absolut correct und wahrhaftig sei. Jetzt aber werden wir auch für diese Correctheit die Grenzen aufzufinden haben.

Die Stellung des Arbeitgebers hat, wie schon hervorgehoben, den Vorzug, eine mehr centrale zu sein. Aber als central ist sie, und dies gereicht ihr wieder zum Nachtheil, an einen bestimmten Mittelpunkt gefesselt und immer ist der Kreis, innerhalb dessen sich die Erfahrung des Arbeitgebers bewegt, beschränkt. Jedes große Etablissement entwickelt sich langsam, hat es sich aber einmal entwickelt, so beruht sein Stolz in seiner Stabilität. Einem Arbeitgeber gereicht es selten zur Ehre von einem District in den anderen, aus einem Etablissement in ein anderes übergegangen zu sein, es sei denn, daß dies geschehen als er selbst Arbeiter war. Seine Erfahrung erstreckt sich daher nicht einmal auf den ganzen Betrieb seines eigenen Platzes, sondern nur auf sein eigenes Unternehmen, und zwar absorbirt dieses als Regel seine Aufmerksamkeit in um so höherem Maße, je größer und bedeutungsvoller es ist.

Trotzdem spricht der Arbeitgeber beständig mit der größten Sicherheit über die Arbeitsverhältnisse seines Districts, ja seines ganzen Gewerbes. Er schreibt darüber in den Zeitungen bald mit, bald ohne Namen, er veröffentlicht Broschüren und compilirt statistische Tabellen, die dann als Daten von unanfechtbarer Wahrheit aufgenommen und angeführt werden. Erwägt man aber, zu welchen Quellen er, von seinem eigenen Fabrikbetrieb abgesehen, Zutritt hatte, so ergiebt sich leicht, daß diese äußerst ungenügend sein mußten. Denn, wie schon betont, die heftigsten Feinde des Fabrikanten sind seine Concurrenten, und dasselbe Schicklichkeitsgefühl, welches den Fremden abhält gewisse Fragen an den Fabrikanten zu thun, aus Furcht, in die geheiligten Sphären des Gewinnmachens einzudringen, dasselbe Gefühl findet sich noch weit ausgeprägter im Verkehr der Fabrikanten untereinander. In allen Fabriken, deren erfolgreicher Betrieb von der Vollkommenheit der Maschinen abhängt oder von besonderen Fabrikationsprocessen, giebt es Abtheilungen, zu denen nur wenig Fremde Zutritt erhalten, geschweige denn andere Fabrikanten. So ging ich einmal vor einer geraumen Reihe von Jahren in Begleitung zweier Damen durch eine der größten Fabriken Manchesters. Durch Empfehlungen einer hochstehenden Persönlichkeit waren wir eingeführt. Doch plötzlich an einem bestimmten Punkte wurde unserem Weitergehen Einhalt geboten, bis man sich über meinen Beruf Gewißheit verschafft hatte. Indeß galt die Thatsache, daß ich Jurist war, offenbar als hinreichender Beweis von Unfähigkeit, um sofort allen Argwohn zu entwaffnen. Eine der beiden Damen, welche ich damals begleitete, war die Tochter eines ehemaligen, in einem anderen District angesessenen Fabrikanten. Sie hatte nie eine andere Fabrik als die ihres Vaters gesehen und erzählte, um jenes Mißtrauen zu erklären, mit der größten Naivität und offenbar ohne die geringste Ahnung von der moralischen Bedeutung der Sache, daß ihr Vater in seiner Fabrik einen Aufseher gehabt habe, der weder habe lesen noch schreiben können und der sich seiner äußeren Erscheinung nach in nichts von einem gewöhnlichen Arbeiter unterschieden habe, dessen Auge aber so scharf und dessen Maschinenkenntniß so groß gewesen sei, daß er im Stande gewesen beim Durchgehen durch irgend eine Fabrik jede Vervollkommnung des Verfahrens und das ihr zu Grunde liegende Princip sofort zu entdecken und es dann in der Fabrik, in welcher er angestellt war, nach seiner Rückkehr anzuwenden. Nun ist unzweifelhaft, daß diese „Geheim-Kammern" in der Fabrik des Arbeitgebers die wahren Werkstätten seines Gewinnes sind, und daß, wo die Kenntniß derselben vorenthalten wird, —

was offengestanden unter den gegenwärtigen Verhältnissen besonders gegenüber dem Bruder Concurrenten sehr oft der Fall sein muß, — alle allgemeinen Daten, welche von letzterem mitgetheilt werden, unzuverlässig sein müssen, weil sie ja, um vollständig zu sein, die Kenntniß jener Geheimnisse in sich schließen müßten.

Thatsächlich kennt der Fabrikant außer seiner eigenen Fabrik selten mehr als die Fabriken einiger anderer Fabrikanten, mit denen er in ausnahmsweise freundschaftlichen Beziehungen steht, und sogar deren Wirthschaft wird er selten völlig durchschauen, denn gerade die Intimität wird ihn gewöhnlich abhalten, sich irgend welche Kenntniß auf anderem Wege zu verschaffen als durch diese befreundeten Fabrikanten selbst. Eine Ausnahme machen nur die Fabrikanten, welche das Vertrauen ihrer Arbeiter gewonnen und durch diese von den Arbeitsverhältnissen in anderen Fabriken eine Kenntniß erhalten haben, die sie sich niemals durch eigene Bemühungen hätten verschaffen können. Da es aber eine Eigenthümlichkeit der menschlichen Natur ist, die eigenen Erfahrungen zu verallgemeinern — ein Bestreben, das sich schon hinreichend in der Ueberraschung über etwas uns Ungewohntes manifestirt, da die Thatsache der Ueberraschung die Annahme in sich schließt, als sei das, an was wir gewöhnt sind, allgemein gültiges Gesetz — so liegt nichts Wunderbares darin, daß die Darstellungen, welche unaufhörlich und optima fide von den Fabrikanten ausgehen, in der That nur die in ihren eigenen Etablissements gemachten Erfahrungen verkörpern, zusammen mit sehr beschränkter und aus zweiter Hand geschöpfter Kenntniß einiger anderer Fabriken.

Wir müssen daher als zweite Norm für die Forschung festhalten, daß das Zeugniß des Arbeitgebers, so weit es eben reicht, prima facie als genau nur bezüglich seiner eigenen Fabrik und einer sehr beschränkten Anzahl anderer Fabriken angenommen werden darf.

Allein, wird vielleicht Jemand einwenden, wenn auch die Erfahrung der Arbeitgeber nur eine beschränkte ist, so folgt daraus noch nicht, daß sie unzureichend sei. Ein Backstein kann sehr gut eine Probe sein für eine ganze Menge von Backsteinen, eine Fabrik kann eine ausreichende Vorstellung geben von der großen Masse der Fabriken desselben Gewerbes. Trotzdem bleibt es meines Erachtens doch sehr gewagt auf das Zeugniß eines einzigen Fabrikanten allgemeine Sätze zu gründen. Niemand, der die Untersuchung einer Streitigkeit zwischen Arbeitgebern und Arbeitern unternommen und der nicht die Erfahrung gemacht hätte, daß die Arbeitgeber von dem Augenblicke an, wo sie sich überzeugt haben, daß die Untersuchung eine wirklich unabhängige und unparteiische sein soll, eine mißtrauische und argwöhnische Haltung annehmen und ihr zunächst dadurch entgegen zu treten suchen, daß sie jede Auskunft absolut verweigern. Wo Auskunft erlangt wird, wird sie beinahe ausnahmslos von den Angehörigen der Fabrikantenclasse erlangt, welche am wenigsten zu verheimlichen haben und zu hochgesinnt sind, um irgend Etwas verheimlichen zu wollen. Die persönliche Erfahrung dieser Männer, welche sie in der That zuweilen mit edlem Freimuth offen aussprechen, wird das Verhalten des Arbeitgebers stets in dem möglichst günstigen Lichte zeigen. Denn so weit auch ihre persönliche Erfahrung durch Verkehr mit anderen Angehörigen ihrer Klasse erweitert sein mag, immer wird sie doch auf ähnliche Sphären der Beobachtung beschränkt sein. Gleich und gleich gesellt sich gern. Der wohlmeinende Fabrikherr ist naturgemäß nur mit dem gleichgesinnten befreundet. Unehrliche und tyrannische Kniffe auf Seiten anderer Fabrikanten verstecken sich vor seinem Blick; er ist im Allgemeinen der letzte die Existenz von dergleichen zu argwöhnen, wenn sie sich ihm nicht geradezu aufdrängt. Daher die Tapferkeit, mit der er als Vorkämpfer seiner Genossen in Gewerbestreitigkeiten auftritt, die Entschlossenheit, mit der er im Kampfe vorangeht, seine Erbitterung gegen die Arbeiter, wenn diese Widerstand leisten, seine oft heftigen und ungerechten Anklagen gegen dieselben: denn seine Unkenntniß der Dinge, welche gegen seine Genossen sprechen, wird nur von seiner Unfähigkeit, auch nur an die Möglichkeit solcher Verhältnisse zu glauben, erreicht, bis ihm die Wirklichkeit ihrer Existenz so dargethan wird, daß jeder Zweifel unmöglich ist. Die weniger ehrenhaften Mitglieder der Fabrikantenklasse andererseits sind erfreut, wenn er sich eifrig in den Kampf stürzt, stellen ihn voran als ihren Vorkämpfer, paradiren mit seinem Charakter und seiner Autorität und citiren die von ihm angegebenen Thatsachen und Zahlen als unwiderlegbar — was sie ohne Zweifel in Bezug auf ihn auch sind, mit Bezug auf sie selbst aber gerade das Gegentheil. So entsinne ich mich z. B. eines offenen, von mehreren Fabrikanten unterzeichneten Briefes, dessen thatsächlicher Inhalt, auf den Ersten der Unterzeichner bezogen, ganz genau und richtig war, einfach falsch dagegen in Bezug auf die anderen. Hier hatte der ehrliche Fabrikant den weniger scrupulösen Brüdern einfach als Maske gedient

Als dritte Norm muß uns daher gelten, daß die Vermuthung dafür spricht, daß das Zeugniß des Arbeitgebers, so genau es auch innerhalb der Grenzen seiner eigenen Erfahrung sein mag, immer nur über die Praxis der aufrichtigsten und wohlmeinendsten Angehörigen dieser Klasse Auskunft ertheilt.

Ist denn aber das Zeugniß des Arbeitgebers über das, was er aussagt, endgültig maßgebend, selbst innerhalb der Grenzen seiner eigenen Erfahrung?

In einzelnen Fällen sicherlich: wenn nämlich die Fabrik nur den Umfang hat, daß sie vollständig unter des Fabrikherrn persönlicher Aufsicht stehen kann und dieser sie wirklich fortwährend im Auge behält. Ein Element von Ungenauigkeit aber tritt mit dem Augenblick auf, wo die Fabrik eine zu große Ausdehnung annimmt, um andauernd und in allen Theilen seiner persönlichen Aufsicht zu unterliegen, oder wenn diese persönliche Controle wegen Alters oder aus anderen Gründen erschlafft oder ganz aufhört. Ich habe durch persönliche Kenntnißnahme mich vollständig überzeugt, daß Werkführer, Aufseher und andere mit Vertrauensposten bekleidete Personen sich häufig Dinge erlauben und Arbeitsregeln einführen, welche dem sonstigen Geiste der Fabrikleitung durchaus nicht entsprechen — und daß es ihnen ein leichtes ist, dergleichen dem Fabrikherrn entweder zu verbergen oder unter ganz falschem Lichte darzustellen. Die Arbeiter selbst aber benutzen, auch wo ihnen in ungewöhnlichem Maße Vorstellungen zu machen gestattet wird, diese Freiheit nur selten. Der Arbeiter weiß, daß, wer sich beklagt, niemals mit freundlichen Augen angesehen wird, und wer die Klagen wiederholt, leicht als rebellisch vermerkt wird. Er fühlt, daß sein Zeugniß naturgemäß weniger gilt als das seines Werkführers; er fühlt, daß er von dem Werkführer weit mehr abhängig ist als von dem Fabrikherrn selbst und es für ihn weit gefährlicher ist, sich ersteren zum Feinde zu machen als letzteren. Andere Werkführer mögen die Mißbräuche wohl kennen, aber sie lassen sich aus ähnlichen Gründen von Denunciationen abhalten. Ein eifersüchtig aufrecht erhaltenes

Herkommen grenzt die verschiedenen Departements gegen einander ab; sie wünschen nicht als Störenfriede angesehen zu werden, noch weniger als neidisch gegen ihre Kameraden; sie wünschen nicht sich Feinde zu machen. Ich bin daher fest überzeugt, daß sselbst die energischsten Arbeitgeber nicht alles wissen, was in ihren eigenen Fabriken vorgeht und daß Leute von nur durchschnittlicher Energie von sehr vielen Dingen, die vorgehen, auch nicht die geringste Ahnung haben; aber trotzdem legen sie über die in Frage stehenden Dinge ein ganz positives und bestimmtes Zeugniß ab. Von den Fällen der Unkenntniß von Fabrikanten in Bezug auf den inneren Betrieb ihrer eigenen Fabriken sei mir gestattet folgende anzuführen:

Ein Fabrikant, der einmal mit einem Gewerkverein in Streit gelegen, entläßt sämmtliche Gewerkvereinler aus seinen Werkstätten, miethet andere Arbeiter und beschließt und befiehlt seinen Werkführern und Aufsehern, niemals wieder Gewerkvereinsmitglieder anzustellen. Nach kurzer Zeit merkt aber der Werkführer, daß er ohne Gewerkvereinler nicht auskommen könne, drückt ein Auge zu, wenn solche wieder eintreten, hütet sich aber sorgfältig dies seinem Principal mitzutheilen. Letzterer behauptet daher optima fide fort und fort, daß er nicht ein einziges Gewerkvereinsmitglied bei sich beschäftige, und daß es ebenso gut ohne sie ginge, während doch seine Fabrik die ganze Zeit über voll von ihnen ist und sie in derselben vielleicht gar einen besonderen „Zweig" oder eine besondere „Loge" bilden: —

Der Fabrikherr hat oft gar keine Ahnung von dem Arbeitsquantum, welches der Werkführer von den Arbeitern verlangt, oder welches in Folge der Anwendung einer neuen Maschine oder der Abnutzung einer alten nothwendig wird: —

Er hat oft gar keine Ahnung von der Existenz eines Geldstrafensystems, welches, von den Werkführern oder Aufsehern für die Arbeiter eingeführt, ganz beträchtliche Abzüge von deren Lohn zur Folge hat: —

Er ist vielleicht ein offener und aufrichtiger Gegner jeglicher Art Trucksystems, und doch wird es von seinen Unterbeamten ohne sein Vorwissen dauernd ausgeübt.

Schlimmer noch ist es, wenn ein Fabrikant, nachdem er alt geworden, die Last der Geschäftsführung zum größten Theil seinen jüngeren Compagnons, Söhnen oder anderen Verwandten überläßt. Unter solchen Umständen kann er, da sein wohlmeinender Sinn sich nicht geändert hat, dann gar nicht begreifen, daß sich auch nur das Geringste in der Geschäftsführung seiner Fabrik geändert haben soll, während die eingeführten Aenderungen sehr oft radicale sind. Spottend über das übel angebrachte Wohlwollen des alten Herrn drücken und schrauben vielleicht seine eigenen Söhne und Neffen die Arbeiter mit gewissenloser Härte. Wenn dann schließlich alle freundlichen Beziehungen zwischen Arbeitgeber und Arbeiter ausgestorben sind und die Arbeiter der wegen ihres vielleicht fünfzigjährigen Friedens berühmten Fabrik plötzlich die Arbeit einstellen, dann kann der alte Herr nur die Hände über dem Kopfe zusammenschlagen über die Undankbarkeit der Arbeiter und wird, wenn er sich, wie wahrscheinlich, an das Publicum wendet, Daten von vor zwanzig Jahren anführen, ohne zu ahnen, daß sie für die Gegenwart jede Bedeutung verloren haben.

Hieraus folgt als vierte Norm, daß das Zeugniß des Arbeitgebers selbst innerhalb der Grenzen seiner Erfahrung, so aufrichtig es sein mag, doch nicht immer genau ist.

Endlich haben wir noch die Grenzen für die Wahrhaftigkeit des Zeugnisses des Arbeitgebers zu betrachten.

Daß das Zeugniß des Arbeitgebers, wie unbewußt auch immer, eine Färbung hat zu Gunsten der eigenen Klasse, das ist gar nicht anders zu erwarten bei ihm so wenig wie bei den Arbeitern. Mit einigen wenigen Ausnahmen zu Gunsten der Klasse der Arbeiter giebt meiner Erfahrung nach keine der beiden Klassen der anderen etwas nach, was Einseitigkeit, Voreingenommenheit und Beschränktheit der Anschauungsweise angeht, — ja, selbst wenn die Hitze eines konkreten Kampfes verflogen, macht der Stolz des Arbeitgebers auf seine Stellung diesen im Durchschnitt hartnäckiger als den Arbeiter, unzugänglicher gegen Vernunftgründe, unfähiger auf die Gesichtspunkte des Gegners einzugehen und gleichgültiger gegen die Wirklichkeit und das Gewicht der Thatsachen, soweit diese sich nicht seinen Interessen anbequemen. Und zu den hoffnungslosesten Exemplaren dieser Gattung gehören gewöhnlich die, welche selbst aus den Reihen der Arbeiter hervorgegangen sind. Wie der Götzendiener zum Bilderstürmer wird, so werden aus den hitzigsten und rücksichtslosesten Gewerkvereinlern die hitzigsten und gewissenlosesten Fabrikherren. Da sie wohl fühlen, daß sie Gegenstand der Eifersucht und des Argwohns für die Klasse sind, aus der sie entsprossen, so suchen sie sich mit derjenigen, in welche sie übergetreten sind, dadurch zu identificiren, daß sie deren Interessen in dem übertriebensten Umfange zu den ihrigen machen. Auf Seiten des Arbeitgebers erleichtern, wie wir ferner bemerken müssen, gerade jene Vorzüge, welche höhere Bildung und größere geistige Anlagen gewähren und welche seinem Zeugniß prima facie Autorität verleihen, in hohem Maße die mehr oder minder bewußte Mitwirkung der Parteilichkeit zu Gunsten der eigenen Klasse. Der Arbeitgeber fühlt sich sehr wahrscheinlich dem Untersuchenden im Allgemeinen geistig ebenbürtig und in dem speciellen Gegenstande der Untersuchung sogar überlegen. Er weiß genau, was er sagen kann und was er verschweigen muß, er fühlt, besser als wir, wo der Schuh drückt. Sehr oft sieht er, ohne sich einer suppressio veri oder gar einer suggestio falsi schuldig zu machen, den Untersuchenden auf eine Bahn gerathen, welche denselben zu Schlüssen führt, zu denen er ihn vielleicht nie hätte bringen können, ohne sich der einen oder der anderen zu bedienen. Er braucht ja nichts weiter zu thun, als den Untersuchenden ruhig seinen Weg gehen zu lassen, der dem erwünschten Ziele zuführt. Auch bei den Arbeitern habe ich Beispiele derselben Unaufrichtigkeit gefunden, aber meist ist sie gröber und wird leichter entdeckt.

Auch führt der Klassenstolz oft zu einer, wenn auch nicht immer bewußten, suppressio veri auf Seiten der Arbeitgeber. Es ist bekanntlich nach Ansicht unserer Gegner einer unserer Nationalfehler: nie zu wissen, wenn wir unterlegen sind. Dies ist für keine Gesellschaftsklasse so charakteristisch als für die Klasse der Arbeitgeber. Nichts ist in der Welt schwerer, als einen Fabrikanten dazu zu bringen, die Thatsache einer erfolgreichen Arbeitseinstellung in seinem eigenen Geschäftszweig zuzugeben — wenn er sie auch vielleicht bezüglich eines anderen einräumt. Muß er sie hernach aber doch zugeben, so hat er eine instinctive Gewandtheit, Zugeständnisse so zu fassen, daß sie nicht wie eine Niederlage aussehen und formell immer noch Forderungen abzulehnen, welche er doch materiell gewährt.

Aber das ist noch nicht Alles. Wo es sich um Streitigkeiten zwischen Arbeitgeber und Arbeiter handelt, sind wir meiner Beobachtung nach immer eher geneigt den Arbeitgeber als einen Mann von Ehre zu betrachten als den Arbeiter. In unseren geschäftlichen Beziehungen mit dem Arbeitgeber werden wir dagegen nur zu oft daran erinnert, daß er dies nicht ist. Der Augenblick eines Gewerkstreits ist aber nicht geeignet, um die Existenz von Unehrlichkeiten in dem Gewerbebetrieb vergessen zu lassen. Bei der unparteiischen Wägung des Zeugnisses der Arbeitgeber sollten wir uns erinnern, daß der Gebrauch falscher Fabrikmarken, Fälschung von Waaren, zu kleine Gewichte und Maße, die enorme Reclame für verhältnißmäßig werthlose Artikel Kniffe sind, die sich nicht auf den Arbeitgeber der untersten Classe, der noch um seine Existenz zu kämpfen hat, beschränken, sondern in einigen Gewerben fast überall, selbst bei den größten Fabrikanten zu finden sind. Wir dürfen nicht vergessen, daß, vor Allem wo das System der großen Contracte bei starker Concurrenz vorherrscht, wobei der Hauptcontract sich in der Regel in Untercontracte verzweigt und zwar oft durch viele Abstufungen, man sich jeder Art von Unehrlichkeit zu oft zu versehen hat. Wo solche Uebelstände vorhanden sind haben wir nicht die geringste Veranlassung anzunehmen, daß der Charakter eines Arbeitgebers, der einmal nach einer Seite seiner geschäftlichen Beziehungen der Unehrlichkeit zuneigt, nach einer anderen streng ehrlich bleiben wird. Wir haben nicht das geringste Recht einen Fabrikanten erst nicht zu glauben, wenn er überall druckt, ein Artikel, den wir als untergeordnet kennen, sei der beste, der überhaupt zu haben — und ihm dann im nächsten Augenblick zu glauben, wenn er behauptet, er zahle die höchsten Löhne in seinem Geschäftszweige, seine Arbeiter aber seien eine Rotte von Schurken und Lügnern.

Es ist schwer aus den zuletzt angestellten Erwägungen eine allgemeine Regel zu abstrahiren. Indeß dürfen wir den Schluß ziehen, daß das Vorherrschen betrügerischer Kniffe in vielen Geschäftszweigen uns darin vorsichtig machen sollte, dem Zeugniß von Arbeitgebern, sofern dasselbe nicht durch ihren Charakter verbürgt wird, eine absolute Wahrhaftigkeit beizumessen.

Dazu kommt noch eins. Wo von Arbeitgebern Auskunft gegeben wird und zwar nicht von den wohlwollenden aus der Fülle ihres biederen, ehrlichen Herzens, da wird sie meist ertheilt von den listigen und den unehrlichen in einer absichtlich verstümmelten oder irreführenden Weise, um den Untersuchenden oder das Publicum zu blenden. Denn meist erscheint nächst dem, der nichts zu verbergen und zu maskiren hat, Derjenige als der offenherzigste, der sowohl verbirgt als auch maskirt. Es ist unmöglich irgend welche positiven Schutzmittel gegen solchen Trug anzugeben. Aber, so weit meine Erfahrung geht, muß man jede Betheuerung außerordentlichen Wohlwollens und besonderer Unparteilichkeit gegenüber den Arbeitern mit Mißtrauen aufnehmen. Der voreingenommenste Verfechter der Klassenprivilegien der Arbeitgeber, der leidenschaftlichste Ankläger der Tyrannei und Ehrlosigkeit der Arbeiter ist oft zuverlässiger in seinen thatsächlichen Angaben als der scheinbar weichherzigste Arbeitgeber, der da behauptet, das einzige Ziel seines Lebens sei seinen Arbeitern wohlzuthun, und der da seufzt nach dem Tage, wo sie ausreichend gebildet sein werden, um das Thörichte ihrer Gewerkvereine und Arbeitseinstellungen einzusehen.

II. Das Zeugniß des Arbeiters. — Wenn wir vom Arbeitgeber zum Arbeiter übergehen, so werden wir finden, daß das Zeugniß des letzteren anfänglich meist weniger leicht zu erlangen ist. Die Fälle sind verhältnißmäßig selten, in denen der Untersuchende seine Untersuchung beim Arbeiter beginnt, obwohl dies besonders in den minder gut bezahlten Gewerben bei Denen der Fall sein mag, die als Armenpfleger, Lehrer in Sonntagsschulen u. s. w. mit dem Elend einer gewerblichen Krisis plötzlich in Berührung kommen. Uebrigens ist nicht zu leugnen, daß in der letzten Zeit die auf ein höheres Bildungs=Niveau allmählich emporgestiegenen Arbeiter häufiger im Stande gewesen sind, gewerbliche Streitigkeiten auch von ihrem Standpunkte aus in der öffentlichen Presse darzulegen, und auf diese Weise gleichzeitig zu Gunsten ihrer Sache schriftlich Zeugniß abgelegt und den Zugang zu ihren Führern und ihren Versammlungen erleichtert haben. Aber immer noch liegt in sehr vielen Fällen die Welt der Arbeit für den außerhalb stehenden Forscher wie hinter einer verschlossenen Thür, zu welcher er den richtigen Schlüssel nicht hat und vor welcher er am Schlüsselloch herumtastend lange Zeit stehen mag, ohne die Thür vor sich offen zu sehen. Ferner ist die Bildung der englischen Arbeiter trotz der Fortschritte in den letzten Jahren leider noch eine sehr unvollkommene und sie besitzen nur zu oft wenig mehr als die allerelementarsten Schulkenntnisse. Dieselben Leute, welche im Stande sind, klar und eindringlich zu sprechen, die mit großem Organisations= und Verwaltungstalent scharfe Auffassung und schnellen Entschluß verbinden, sind vielleicht fast außer Stande, irgend Etwas zu Papier zu bringen, oder wenn sie es thun, so sind sie unfähig, ihre thatsächlichen Angaben und Ideen geordnet vorzutragen, so daß sie völlig unverständlich bleiben. Daher ist es allgemein rathsam, vom Arbeiter immer mündliche Auskunft zu verlangen. Sie zu erhalten, ist freilich oft sehr schwierig; auch gelangt man durch persönlichen Verkehr nicht immer zum Ziele. Denn in Folge der engen Sphäre, in welcher der Arbeiter lebt und arbeitet, ist es oft ganz unmöglich, ohne einen Interpreten aus seiner eigenen Classe die Pointe seiner Aussage zu verstehen. Ja, diese Pointe ist manchmal so unter local=technischen Beziehungen versteckt, daß ich es erlebt habe, wie ein ganzer Distrikt von einer großen Arbeitseinstellung in einem wichtigen Industriezweige bedroht war, während die Arbeiter desselben Gewerbes im Nachbar=Distrikt mir gestanden, daß sie nicht herausbekommen könnten, worauf es eigentlich ankäme. Das, was die Arbeiter für sich vorzubringen haben, wird daher meist zuletzt bekannt, und es erfordert die größte Mühe, dies gründlich zu ermitteln. Unvollkommene Bildung bringt naturgemäß Vorurtheile, Beschränktheit und all' die Irrthümer mit sich, welchen ein ungeschulter Verstand ausgesetzt ist. Aber des Arbeiters Verstand ist nicht nur ungeschult, sondern auch unentwickelt. Mehr oder weniger gewöhnt, nur als Einer einer ganzen Klasse oder Masse aufzutreten, fehlt ihm die Schärfe, welche eine individuelle Stellung mit der Verantwortlichkeit, die sie bringt, erzeugt, die Fähigkeit zu schnellem Entschluß, der Blick in das Weite. Nicht selten ist er vielleicht, wenn auch praktisch weniger gewitzt, an Stärke und Adel des Charakters seinem Herrn überlegen; allein andererseits ist nur zu oft der Mangel an Bildung und Erziehung von einer gewissen Rücksichtslosigkeit des Auftretens begleitet, welche dazu beiträgt, ihn als Zeugen wenigstens all' der äußeren Zeichen von Respectabilität zu berauben, welche im Allgemeinen von vornherein für die Glaubwürdigkeit des Zeugnisses des Arbeitgebers sprechen.

Im Gegensatz zum Arbeitgeber kann der Arbeiter für sein Zeugniß prima facie auf keinerlei Autorität Anspruch erheben.

Aber selbst angenommen, daß der Arbeiter in behäbigeren Verhältnissen lebt als der Durchschnitt seiner Genossen und daß er einen ansehnlichen Betrag von Wissen und Geistesschulung besitzt, so muß doch seine Stellung als Arbeiter stets den Werth seines Zeugnisses verengern, verringern, begrenzen; denn diese seine Stellung ist eine untergeordnete und immer mehr oder weniger fern vom Mittelpunkte, dessen nächste Umgebung der nothwendige Stab von Disponenten, Cassirern, Commis, Werkführern und Aufsehern bildet. Daher sieht der Arbeiter nie die verschiedenen Elemente des Gewerbbetriebes in ihren Beziehungen zu einander und die Einzelheiten, welche ihn am nächsten berühren, erhalten stets in seinen Augen eine übertriebene Bedeutung. Da die Löhne seine Hauptsorge sind, so ist er geneigt, Alles, was der Fabrikherr thut, mit Bezug auf sie zu beurtheilen, und geht davon aus, daß letzterer ausschließlich bestrebt sei, Mittel zu ersinnen, um die Löhne herabzusetzen. Durch diese Gewohnheit kommt er dann zu einem so hochconservativen Haß gegen Aenderungen, daß in manchen Fällen nicht die geringste Aenderung im Maschinenwesen, in der Werkstatteinrichtung oder in der Disciplin eingeführt werden kann — selbst wenn sie ersonnen ist ohne den geringsten Gedanken daran, seine Lage zu afficiren, ja selbst wenn sie diese zu bessern bestimmt ist — ohne daß er sie als einen überlegten Angriff auf sein Wohlbefinden ansähe, dem Widerstand zu leisten er sofort bereit ist. Dabei darf allerdings nicht übersehen werden, daß sich die vorerwähnten Aenderungen selten vornehmen lassen, ohne in irgend welcher Weise die Lage des Arbeiters zu berühren. Die Ersetzung einer Maschine durch eine einfachere kann unter Umständen die Arbeit durch vergrößerte Geschwindigkeit härter machen, gefährlicher, weil sie die Möglichkeit der Unglücksfälle mehrt u. s. w. Die Einführung eines eisernen Bodens statt eines hölzernen in einem Maße kann das Quantum Material, mit dem es gefüllt werden soll, vermehren und dadurch auch die Summe der Arbeit, welche nöthig ist, um dieses Material zu holen, zurecht zu machen oder weiter zu schaffen.

Andererseits ist das Zeugniß des Arbeiters, wie dunkel es in Folge mangelhafter Bildung auch sein mag, wie stückweise und beschränkt in Folge seiner Stellung, doch meiner Meinung nach gewöhnlich eingehender, als das seines Herrn. Der von außen herantretende Forscher wird oft bei der ersten Annäherung großes Mißtrauen auf Seiten des Arbeiters antreffen, denn dieser ist so wenig gewohnt, daß außer ihm selbst und seinesgleichen Jemand sich um ihn kümmert, daß er nicht begreifen kann, aus welchem Grunde ihn ein Dritter aufsucht. Gelingt es jedoch, ihn zu überzeugen, 1) daß man kein Spion seines Herrn ist, 2) daß man kein Geld von ihm haben will für eigene Zwecke, so wird man in der Regel sehen, daß sein Mißtrauen schwindet und daß diesem eine beinahe, wenn nicht völlig absolute Offenheit folgt. Dies findet sogar Anwendung auf das, was, wie gewöhnlich geglaubt wird, am meisten geheim gehalten wird: nämlich auf seine Beziehungen zu den übrigen Arbeitern in den Gewerkvereinen. Ohne Zweifel giebt es in England Städte und Geschäftszweige, in denen die Satzungen und Verhandlungen dieser Körperschaften, ich fürchte nicht ohne Grund, geheim gehalten werden. In anderen Fällen dagegen werden selbst gedruckte Statuten, welche Geheimhaltung anbefehlen, zu Gunsten eines Forschers gänzlich unbeachtet gelassen, wenn die Arbeiter glauben, daß er ein ehrlicher, unparteiischer und ihnen wohlgesinnter Mann sei; dann wird er zu ihren Versammlungen eingeladen und die Geschäfts= sowie Conto=Bücher werden geöffnet, damit er Einsicht von ihnen nehme.

Darin liegt auch nichts Wunderbares. Denn in der That hat der Arbeiter als solcher Nichts zu verheimlichen, und hätte er es, so könnte er es nicht gut verheimlichen. Denn anders als der hin= und herschwankende Gewinn des Arbeitgebers, an welchem nur Wenige Antheil erhalten, wird der Lohn am Ende jeder Woche offen und in Gegenwart aller Arbeiter zu im Allgemeinen gleich hohen Beträgen ausgezahlt. Der Besitzer eines großen Etablissements mag daher wohl die Summe, welche er an Lohn auszahlt, geheimhalten, weil er weiß, daß es praktisch unmöglich sein würde, durch persönliches Nachforschen und Berechnen die genaue Ziffer herauszubekommen. Der einzelne Arbeiter dagegen würde ein Thor sein, wollte er den Betrag seines Verdienstes nicht mittheilen, denn der erste beste seiner Genossen, der offenherziger wäre als er, könnte ihn leicht feststellen, und der Fabrikherr sowie der Werkführer könnten, wenn es ihnen beliebte, ihn jederzeit angeben. Ohne Zweifel ist aber der Arbeiter fast immer geneigt, einen Minimalbetrag seines Verdienstes anzugeben, während der Arbeitgeber, sofern er überhaupt eine bestimmte Ziffer nennt, geneigt sein wird, ein Maximum zu nennen; doch kann man dieser Quelle von Irrthümern leicht Rechnung tragen und entsprechend die Angaben corrigiren.

Daraus können wir als Norm ableiten, daß bei gehöriger Controle das Zeugniß des Arbeiters hinsichtlich seines eigenen Verdienstes im Allgemeinen correcter ist als das des Arbeitgebers, denn der Arbeiter hat weder dessen Veranlassung noch dessen Leichtigkeit zur Geheimhaltung.

Diese der Wahrscheinlichkeit nach größere Genauigkeit beschränkt sich aber nicht nur auf den eigenen, augenblicklichen Verdienst. Der Arbeiter ist fast immer mehr oder weniger unstät, manchmal fast von nomadischen Gewohnheiten. Krankheit, Bankerott seiner Arbeitgeber, Mangel an Arbeit, eine Arbeitseinstellung, ein Privatzwist, der Wunsch, „sich zu verbessern", die bloße Sucht nach Veränderung — hundert solche Gründe veranlassen ihn, die Arbeit des einen Herrn mit der eines anderen zu vertauschen, von District zu District zu ziehen, von einer Grafschaft zur anderen zu wandern. Seine Erfahrung wird daher, wenn auch innerhalb einer begrenzten Sphäre, meist eine weit mannigfaltigere sein, als die seines Herrn. Er wird mit einer weit größeren Anzahl seiner Genossen bekannt, er ist daher innerhalb des Bereiches seiner Beobachtungen (welcher sich allerdings selten über einen bestimmten District hinauserstreckt) meist ein weit competenterer Beurtheiler des Hin= und Herschwankens sowie des Durchschnittsverhältnisses der Arbeitsbedingungen als der Arbeitgeber.

Dies tritt besonders hervor, wenn er Mitglied eines Gewerkvereins ist oder gar ein Amt in demselben bekleidet. Durch die periodischen Versammlungen einer Loge oder eines Zweiges, noch mehr durch die Versammlungen der ganzen Gesellschaft selbst, wird die Erfahrung des Einzelnen in ausgedehntem Maße zur Erfahrung Aller. In einer großen und wohlorganisirten Gesellschaft sind in der That oft statistische Data zur Hand oder können doch ohne jede Schwierigkeit gesammelt werden von einem Werthe für die Geschichte des Arbeitsmarktes, der überraschend und unanfechtbar ist — Data, zu denen die sorgfältigsten tabellarischen Angaben der Arbeitgeber, mögen sie auch mit noch so großen Ansprüchen auf Richtigkeit vorgebracht werden, sich verhalten, wie die Abfälle in der Werkstatt eines Goldschmiedes zu den soliden Barren.

Insbesondere sollte man sich bezüglich einer Fabrik, bezüglich welcher der Arbeitgeber zu Gunsten seiner Klasse Zeugniß abgelegt hat, immer noch das Zeugniß der Arbeiter verschaffen. Die Gründe, welche die Ungenauigkeit des Zeugnisses des Arbeitgebers, selbst wenn es sich um seine eigene Fabrik handelt, verursachen, habe ich bereits angeführt. Das Zeugniß der Arbeiter wird jede solche Ungenauigkeit, wenn sie vorhanden ist, hinreichend corrigiren. Manchmal, Gott sei Dank! ist eine Correctur überhaupt nicht nothwendig. So unternahm einmal ein Arbeiter eine Reise nach einer einzelnen Fabrik in Yorkshire (dessen Chef diese Association[1]) mit Stolz zu den Mitgliedern ihres Ausschusses zählt) nur zu dem Zweck, um sich der Richtigkeit von Angaben bezüglich der dortigen Arbeiterverhältnisse, die er für unglaublich hielt, zu versichern. Nach lebhaftem Verkehr mit den Arbeitern kehrte er aber von seiner Reise zurück und erklärte, daß die gemachten Angaben nicht nur der Wirklichkeit entsprechen, sondern von dieser noch übertroffen wurden. Aber selbst in solchen Fällen ist das Zeugniß des Arbeiters nützlich, um festzustellen, ob sich das in Rede stehende Etablissement als typisch für alle anderen seiner Art ansehen läßt, oder ob es als Ausnahme dasteht. Ich fürchte mich daher nicht, es auszusprechen, daß das Zeugniß des Arbeiters über die Arbeitsverhältnisse in seinem Gewerbe im Allgemeinen auf umfassenderer Beobachtung beruht, als das des Arbeitgebers, und daß die Vermuthung für seine größere Zuverlässigkeit spricht.

Das Zeugniß des Arbeiters allerdings irrt, wie hervorgehoben werden muß, im Allgemeinen ein wenig durch Betonung der Schattenseiten. Gerade bezüglich der besten Fabriken ist es oft am wenigsten zu haben. Denn in diesen participirt die Lage des Arbeiters mehr oder weniger an der sicheren Stellung des Fabrikherrn. Es ist ein Vorzug, in solch eine Fabrik einzutreten, eine Thorheit, sie zu verlassen, so daß der gewöhnliche Arbeiter wenig Aussicht hat, darin vorübergehend Beschäftigung zu finden. Das gute Einvernehmen zwischen Herrn und Arbeiter, welches in ihnen vorherrscht, macht Gewerkstreitigkeiten zu einer Seltenheit, macht die Arbeiter gleichgültig gegen den Schutz der Gewerkvereine oder macht sie wenigstens zu seltenen Besuchern ihrer Versammlungen. Die Folge ist, daß die Gewerkvereine in der That oft gar keine Ahnung haben von den besonderen Vortheilen, welche die Arbeiter in gewissen Fabriken genießen, welche vielleicht dem außenstehenden Publicum als die vorzüglichsten Repräsentanten des ganzen Gewerbzweiges gelten, während die dem letzteren Angehörigen sehr wohl wissen, daß sie die Ausnahme im Gewerbe sind. Sodann ist zu beachten, daß diejenigen Arbeiter einer Fabrik, welche am bereitwilligsten mit ihrem Zeugniß hervortreten, meist zu den am wenigsten zufriedenen gehören.

---

[1]) Die hier übersetzt wiedergegebene Abhandlung wurde von dem Verfasser auf dem Congreß der National Association for the Promotion of Social Science, der im Jahre 1862 zu London tagte, vorgelesen.

Wir sollten daher nicht vergessen, daß ohne beabsichtigte Unaufrichtigkeit das Zeugniß des Arbeiters über die Arbeitsverhältnisse selten, die günstigen Arbeitsverhältnisse darlegt, und da sich das Zeugniß des Arbeitgebers, wie wir gesehen haben, meist auf diese beschränkt, so ergiebt sich leicht, wie groß oft der Unterschied zwischen beiden sein muß. Es folgt daraus, daß die Durchschnitts= linie etwas über dem Niveau, welches der Arbeiter angiebt, gezogen werden muß, entschieden aber auch unter demjenigen, auf welches sich der Arbeitgeber stützt.

Doch nun müssen wir dem Gesagten als weitere Norm hinzufügen, daß das Zeugniß der Arbeiter, wenn es sich auf Anderes als auf die Arbeits= verhältnisse erstreckt, sehr wenig Glauben verdient.

Insbesondere ist das Zeugniß der Arbeiter über den Gewinn des Arbeit= gebers unzuverlässig. Meist ist er ganz unfähig, zu wissen, von welchen Be= dingungen er abhängt, geschweige denn, diese zu würdigen; er verwechselt häufig den Roh= mit dem Reinertrag und fast immer übertreibt er den letzteren ganz außerordentlich. Ausgehend von einer übertriebenen Vorstellung von dem Ge= winn, übertreibt er natürlich Alles, was seiner Annahme nach damit zusammen= hängt: den Reichthum seines Herrn, den Werth seines Grundbesitzes, das Kauf= geld für seine Güter.

Andererseits wäre es unweise, das Zeugniß des Arbeiters über Dinge, die nicht seiner unmittelbaren Beobachtung unterliegen, die Interessen des Arbeit= gebers und die allgemeinen Verhältnisse der Fabrik aber berühren, als gänzlich werthlos zu verachten. Oft hat der Arbeiter eigenthümliche Mittel, um sich Kenntniß zu verschaffen. Die Krämer des Ortes, welche mehr oder weniger und manchmal hauptsächlich auf die Kundschaft der Arbeiter angewiesen sind, nehmen gewöhnlich für sie Partei und sind oft in der Lage, ihnen manch' nütz= liche Einzelheiten über Preise und andere Dinge mitzutheilen. Die Werkführer, Aufseher und Commis, obwohl in einem Gewerkstreit ihr Schicksal an das des Fabrikherrn gefesselt ist, sympathisiren oft mit den Arbeitern, oder unterhalten selbst während einer ausgebrochenen Arbeitseinstellung mit den besten unter ihnen einen freundschaftlichen Verkehr und werden so, absichtlich oder nicht, Canäle, durch welche die Arbeiter die gewichtigsten Thatsachen erfahren, ohne daß nur der Fabrikherr ahnt, daß irgend eine Nachricht über sein Privatzimmer hinausgedrungen ist. Manchmal, fürchte ich, ist es die Praxis solcher Leute, jede Partei der anderen zu verrathen, um sich mit beiden gut zu stellen.

Auf solche und andere Weise erlangt der Arbeiter über Dinge, die über seinen unmittelbaren Gesichtskreis hinausliegen, fast immer eine größere Kenntniß, als der Arbeitgeber denkt und als er ihm würde verschaffen wollen. Aber eine derartige Kenntniß ist meist so sehr vermischt mit Nichtverstandenem, Ueber= triebenem, Verdrehtem, ja absolut Falschem, daß es immer der sorgfältigsten Prüfung und bestätigender Zeugnisse aus anderen Quellen bedarf, um ihren wahren Werth festzustellen.

Ebenso wie bei Prüfung des Zeugnisses des Arbeitgebers habe ich bisher angenommen, daß das Zeugniß des Arbeiters ein wahrhaftiges sei. Oft aber ist es absolut unehrlich. Ich habe einer Arbeiterversammlung beigewohnt und zwar durchaus nicht von Arbeitern der niedrigsten Classe, sondern von gelernten Stadthandwerkern, in welcher man mit Lügen so reichlich um sich warf und ein Ton so offenbarer moralischer Depravation vorherrschte, daß es nicht nur unmöglich war, festzustellen, was wahr sei, sondern man nur den Schluß ziehen konnte, alle zusammen seien Schurken. In der That, wir haben kein Recht zu vergessen, daß der Arbeiter nur zu oft durch das Beispiel seines Herrn zur Unwahrhaftigkeit und Unehrlichkeit erzogen wird. Fast all' die schlechten Kniffe des unredlichen Fabrikanten werden mittelst seiner Arbeiter ausgeführt. Es ist eine der schlimmsten Folgen dieser gewerblichen Betrügereien, daß sie, wie eine in einen Brunnen geworfene Kothmasse, zu Boden sinken und eine Gesellschafts=schicht nach der anderen verunreinigen. Der Spechereihändler verfälscht mit Hülfe seiner Ladendiener, der Bäcker mit Hülfe seiner Gesellen, der betrügerische Fabrikant läßt sich falsche Fabrikmarken machen und sie von seinen Arbeitern auf seine Waaren kleben, er läßt sie mit zu kleinen Maßen messen, mit zu kleinen Ge=wichten wiegen; für ihn wird fadendünner Calico durch Andere mit Stärke ver=dickt, für ihn wird die Seide durch Andere mit Gummi schwerer gemacht, für ihn aus Abfällen Stoff gefertigt, der wie gutes Tuch aussieht. Der betrügerische Bau=meister läßt durch seine Maurer die Wand, die fester Backstein sein sollte, mit Schutt ausfüllen; der betrügerische Eisenbahnbau=Unternehmer lehrt seinen Erd=arbeitern, die Enden der Pfähle, welche bis zu einer bestimmten Tiefe eingerammt werden sollten, abzuschneiden, damit die Arbeit schneller von Statten gehe. Welches Recht haben wir, in höherem Maße Wahrhaftigkeit und Ehrlichkeit zu erwarten, soweit sich der Einfluß der Schurkerei ehrloser Arbeitgeber erstreckt, als Leben und Gesundheit unter dem Schatten des Upas=Baums?

Andererseits sind es gerade die Vorurtheile und Leidenschaften des Arbeiters, sowie sein Mangel an geistiger Schulung, welche in gewissem Maße gegen seine Unwahrhaftigkeit schützen. Er ist oft zu ungestüm, um wohlüberlegt zu lügen und selbst seine Lügen täuschen selten. Wenn man nun dazunimmt, daß er selten in der Lage ist, als Einzelner mit Erfolg zu lügen, da er sich fast immer der Gefahr aussetzt, durch seine Kameraden berichtigt zu werden, so ergiebt sich eine große Wahrscheinlichkeit für die Wahrhaftigkeit seines Zeugnisses. Und ich fühle mich verpflichtet zu sagen, daß — ganz abgesehen von der Furcht vor Entdeckung oder von ängstlicher Berechnung der möglichen Folgen — ich unter der besseren Klasse von Arbeitern in den meisten Industriezweigen, mit denen ich zu thun gehabt habe, gewöhnlich eine zur Gewohnheit gewordene Offenheit und Wahrhaftigkeit, ja, wenn sie erst Zutrauen gewonnen hatten, einen männ=lichen Freimuth gefunden habe, wie ich sie mit wenig ehrenwerthen Ausnahmen unter Arbeitgebern nicht fand. Ohne Zweifel giebt es auch viele Ausnahmen unter der Arbeiterklasse, ja es giebt, traurig zu sagen, ganze Industriezweige, welche so völlig demoralisirt und verkommen sind, daß Wahrheit und Ehren=haftigkeit bei ihnen nicht zu finden sind; aber trotzdem glaube ich, daß das, was ich gesagt habe, im Allgemeinen dem Sachverhalte entspricht, und ich scheue mich nicht, als letzte Norm hinzustellen: daß das Zeugniß der besseren unter den Arbeitern, wie verblendet es oft auch durch Leidenschaft oder Vorurtheil sein mag, im Allgemeinen ein aufrichtigeres ist als das der Arbeitgeber.

Doch wir können sogar noch weiter gehen. In Folge seiner unvollkommenen Bildung vermag der Arbeiter oft nicht, richtigen Anschauungen, zu denen er instinctmäßig gelangt ist, richtigen Ausdruck zu verleihen. Weit entfernt, daß das, was in einer gewerblichen Streitigkeit zu seinen Gunsten vorzubringen ist, durch seine Rhetorik ungebührlich ins Licht gesetzt und gefärbt wird, wie man nach journalistischen Commentaren vermuthen möchte, weiß er, wie ich durch Erfahrung überzeugt worden bin, oft überhaupt nicht, wie er es vorbringen soll und hat sogar manchmal gar keine Ahnung von dem ganzen Gewicht seiner Gründe. So wird denn sehr häufig bei diesem Mangel an allgemeinen Schulkenntnissen der eine Arbeiter im Gewerbe, welcher die „gute Feder führt", fast nothwendig der autorisirte, aber in Folge seiner eigenen Mängel sehr schlechte Wortführer des ganzen Industriezweiges. Seine Kameraden stimmen seiner Darstellung bei, manchmal weil sie dieselbe nicht verstehen, manchmal weil sie wissen, daß er dasselbe meint, was sie meinen und voraussetzen, manchmal weil ihnen im Glauben, die ganze Welt sei gegen sie verbündet, völlig gleichgültig ist, was Jener sagt, noch öfter vielleicht nur, weil sie ihre Unfähigkeit fühlen, seine Irrthümer zu verbessern. Und so wird dem Falle von Anfang an eine falsche Färbung gegeben, die dann das Publicum für immer für die richtige hält. So wird oft in Gewerkstreitigkeiten von der einen oder anderen Partei der Sieg erfochten, ohne daß das Publicum jemals das, worum es sich wirklich handelte, erfuhr. In anderen Fällen wiederum ist der Arbeiter nicht allein in Folge seiner mangelhaften Bildung, wie eben erörtert, sondern vornehmlich in Folge der Verschiedenheit seiner socialen Stellung und der Beschränktheit seines Gesichtskreises weit entfernt, das, was sich für ihn vorbringen läßt, zu übertreiben, sich nicht einmal dessen bewußt, was Alles für ihn zu sagen wäre. Es kann dem Vorgehen mehrerer Arbeitgeber eine Verabredung zu Grunde liegen, von der er keine Ahnung hat, und umgekehrt bestehen noch öfter Verschiedenheiten in der Lage der Arbeitgeber, die ihm, wenn er sie kennen und erwägen würde, ihr Vorgehen in ganz anderem Lichte erscheinen lassen würden. Gewöhnt, den Arbeitgeber als seinen Gegner zu betrachten, übersieht er den noch schrofferen Gegensatz, in dem die Arbeitgeber zu einander stehen; er ruinirt vielleicht durch eine Arbeitseinstellung einen Arbeitgeber, der längst das Opfer eines schlaueren Concurrenten geworden ist, er hält vielleicht die Geschmeidigkeit des Anderen für Mäßigung, die Heftigkeit, zu der einen Dritten das Bewußtsein, sich in einer falschen Lage zu finden, aufreizt, für beabsichtigte Tyrannei, oder das lärmende dreiste Auftreten eines Vierten für den berechtigten Stolz eines Mannes, der Vielen gebietet.

III. Das Zeugniß dritter Parteien. — Es braucht kaum hinzugefügt zu werden, daß das Zeugniß des Arbeitgebers wie des Arbeiters immer so viel als möglich aus anderen Quellen ergänzt werden sollte. Dies ist zweifellos oft sehr schwer. In gewissen Industriezweigen giebt es Mittelklassen, welche, mit Arbeitgebern und Arbeitern in Verbindung stehend, oft in der Lage sind, schätzbare und correcte Mittheilungen zu machen. Dazu gehören die Architekten, was die Baugewerbe angeht, Ingenieure, Waarenbeschauer, gewisse Klassen von Mäklern, manchmal Commis, Afterunternehmer u. a. m. Aber in vielen Fällen begnügen sich selbst diese Klassen damit, die Thatsachen, wie sie der Arbeitgeber angiebt, und dessen Ansichten einfach anzunehmen, und es giebt unter ihnen wohl Leute, die einem Arbeiter gegenüber ihre Lippen nie anders als zu einem Befehle geöffnet haben. Oft aber kommt es sogar vor, daß Commis, anstatt ihre Kenntniß der Thatsachen und ihre Ansichten von ihren Herren zu empfangen, beides den letzteren erst beibringen oder beizubringen versuchen, wobei sie deren Vorurtheilen schmeicheln, deren beste Absichten paralysiren, die Wahrheit nicht zu ihnen gelangen lassen, und durch ihren Hochmuth, ihren Mangel an Sympathie mit den Arbeitern und ihre Unkenntniß von deren Gewohnheiten und Empfindungen, sowie durch ihren eingewurzelten Büreau=Schlendrian oft die Hälfte der Mißhelligkeiten zwischen Herrn und Arbeitern verursachen oder verlängern und jede empfindliche Stelle reizen, bis sie zur Wunde wird. Noch häufiger aber steht zwischen den beiden Classen Niemand in der Mitte, der irgendwie unabhängig genannt zu werden verdiente — Niemand außer dem Werkführer. Diesen zu befragen, hat aber der Forscher prima facie kein Recht; und selbst wenn derselbe in Folge persönlicher Bekanntschaft oder Freundschaft Auskunft zu ertheilen bereit wäre, so würde er diese doch immer nur in vertraulicher Weise ertheilen können.

Ich habe versucht, im Vorstehenden einige der leitenden Gesichtspunkte, zu denen ich durch eine nicht erst von gestern stammende Erfahrung gekommen bin, in rohen Umrissen darzustellen. Ich habe die Schwierigkeiten solcher Forschungen nicht im geringsten zu verhehlen gesucht, so wenig wie den Mangel an völliger Genauigkeit in den zu erwartenden Resultaten. Aber doch glaube ich, daß diese Forschungen bei all' ihrer Unvollkommenheit einen unbegrenzten Werth haben, wenn sie ehrlich vorgenommen werden. Die Hauptsache in diesem Zeitalter des übertriebenen Individualismus bleibt es, den Arbeitgebern und Arbeitern zu lehren, daß sie nicht nur um ihrer selbst willen leben, daß die Augen ihrer Mitmenschen auf sie gerichtet sind, daß sie Glieder sind der großen Gemeinschaft der englischen Nation, betraut mit einer großen Aufgabe, welche sie in pflicht=schuldiger Harmonie mit ihren Genossen zum gemeinsamen Wohle der Gesammt=heit zu erfüllen haben — daß sie kein Recht haben, unter einander zu hadern und zu streiten und durch ihre Zwistigkeiten vielleicht Anderen Nachtheil und Untergang zu bereiten, so wenig als die Hand ein Recht hat, Antlitz und Brust zu zerfleischen — und daß die bloße Thatsache, daß sie es thun, ein Zeichen ist von Krankheit oder Wahnsinn. Endlich, daß die unter einer ehrlichen Frei=handelspolitik erfolgte allmähliche Abschaffung all' der gesetzlichen Fesseln, welche in fast allen anderen Staaten noch auf der Industrie lasten, aber dabei nichts=destoweniger deren schlimmsten Zuckungen doch bis zu einem gewissen Grade vor=beugen, es ihnen nur um so mehr zur gebieterischen Pflicht macht, sich der Aufsicht einer aufgeklärten öffentlichen Moral zu unterwerfen, so daß sie, „die sie kein Gesetz haben", in der That „sich selber das Gesetz sind".

Printed by Libri Plureos GmbH
in Hamburg, Germany